Horst-Dieter Radke

Sagen und Legenden vom Bodensee

Impressum

Horst-Dieter Radke

Sagen und Legenden vom Bodensee

1. Auflage 2024

Verlagsleitung: Sven Nieder

Lektorat: Bruno Hof
Korrektorat: Tim Becker

Titelbild: iStock.com/by-studio
Illustration: iStock.com/VeraPetruk
Gestaltung Umschlag: Björn Pollmeyer
Innensatz: Kerstin Fiebig

Hergestellt in der Europäischen Union, Finidr, CZ

FSC www.fsc.org MIX Papier aus verantwortungsvollen Quellen FSC® C014138

ISBN 978-3-95540-402-4 (print)
ISBN 978-3-95540-518-2 (e-Book)

www.regionalia-verlag.de

Horst-Dieter Radke

Sagen & Legenden vom Bodensee

REGIONALIA
VERLAG

Inhalt

Vorwort

Der Bodenseeraum umfasst ein Gebiet, das von Schaffhausen im Westen, Pfullendorf im Norden, Leutkirch und Isny im Allgäu im Osten, Lech im Südosten, Sargans und Appenzell im Süden und Frauenfeld im Südwesten reicht. Um der Vielzahl an Sagen und Legenden, die in diesem Gebiet anzusiedeln sind, einigermaßen Herr zu werden, beschränkte ich mich bei der Auswahl auf solche Sagen, die am Bodensee direkt oder in Bodenseenähe verortet werden können. Auch dabei musste schon stark selektiert werden.

Drei Länder teilen sich das Bodenseeufer: Österreich am Ostende, die Schweiz das südliche Ufer und Deutschland das nördliche. Zahlreiche Sagen und Legenden entstanden in dieser Region, denen zu folgen sich dieses Buch vorgenommen hat, und zwar rund um den See herum. Die Reise beginnt am österreichischen Ufer. Ein Stück weit begleiten wir die Brüder Eduard und Louis Mörike, die im September 1840 den Bodensee besuchten. Die Szenen sind selbstverständlich erfunden, wohingegen die Reise tatsächlich stattgefunden hat.

Für manche Orte und Gebiete rund um den See wäre es möglich, ein eigenes Buch zu füllen. Um Sagen aus dem kompletten Uferbereich des Bodensees aufzunehmen, musste eine strenge Auswahl getroffen werden. Maßgeblich für die Auswahl war die Vielfalt. Ich habe versucht darauf zu achten, nicht zu viele ähnliche Sagen in das Buch aufzunehmen. Sämtliche Sagentexte wurden von mir bearbeitet. Da die Dialektvielfalt rund um den See groß ist, habe ich mich bemüht, einen einheitlichen Stil zu finden, ohne das Ursprüngliche ganz aufzugeben. Sprache und Rechtschreibung wurden ent-

Steg an der Promenade

sprechend der aktuellen Regeln angepasst, einige Sagen zusammengefasst, manche Sagen neu nacherzählt. Zu jeder einzelnen Sage habe ich die Quelle, der ich die Sage entnommen habe, angegeben. Manche Sagen tauchen in ähnlicher, manchmal abweichender Form in verschiedenen Quellen auf. Ein ausführliches Quellenverzeichnis am Ende dieses Buches hilft jedem weiter, der tiefer in die Sagenwelt um den Bodensee eintauchen möchte.

Ich wünsche viel Spaß bei der Lektüre.

Lauda-Königshofen, September 2023
Horst-Dieter Radke

I.

Bregenz und das österreichische Ufer

Österreichs Anteil am Bodensee ist relativ klein, es ist die Nordseite des Bundeslandes Vorarlberg. Der Name leitet sich von dem Arlberg ab, vor dem dieses Gebiet liegt. Bregenz ist die Hauptstadt dieses gebirgigen Bundeslandes, das vor allem durch Täler und Flüsse strukturiert wird. Die Stadt liegt am Ostufer des Bodensees, den Pfänder im Rücken. Gustav Schwab schwärmt von dem großen Naturgenuss, den Wanderer zu Bregenz erwartet: »… und sich an dem unendlichen Wasserspiegel erfreuen, der hier ungefähr mit denselben Ufern, wie auf der Karlsschanze zu Lindau, sich vor seinem Auge hinausdehnt, während dicht in seinem Rücken die steilen Felswände des Bregenzerwaldes ansteigen.« Von dem dicht an Lindau grenzenden und zur Gemeinde Hörbranz gehörenden Unterhochsteg bis zu der an der Schweizer Grenze liegenden Gemeinde Höchst zieht sich das österreichische Bodenseeufer hin. Die Mündung des Rheins in den See liegt ebenfalls auf österreichischem Boden, sodass Österreich von dem in der Schweiz entspringendem Fluss, dessen größte Strecke durch Deutschland fließt und schließlich in den Niederlanden in die Nordsee mündet, auch einen Anteil hat. Nicht nur der See, sondern auch die Alpen, die dicht an den See heranreichen, spiegeln sich in den Sagen und Legenden dieser Gegend wider. Ein Stück weg vom See, aber durchaus noch in seinem Einflussbereich liegen Dornbirn und das an Liechtenstein grenzende Feldkirch. Von der Bregenzer Ach, südöstlich von Bregenz, also vom Bodensee, bis an den Hochtannenbergpass zieht sich das Gebiet hin, das Bregenzerwald genannt wird.

Das Leiblachtal

Die Leiblach entspringt im Gebiet von Lindau und ist auf dem letzten Viertel bis zur Mündung in den Bodensee ein Grenzfluss zwischen Deutschland und Österreich. Das Leiblachtal liegt östlich des nahegelegenen Bodensees.

Das Fräulein von Ruggburg

Auf der Ruggburg lebte vor langer Zeit eine Jungfrau, die als die schönste in der ganzen Gegend galt. Viele Ritter begehrten sie zur Frau, aber die Jungfrau war viel zu ernst und wollte keinen Mann. Einmal ging sie des Abends spazieren und traf eine Bettlerin, die am Wege saß und strickte. Als die Jungfrau mit ihr ins Gespräch kam, klagte die Bettlerin ihre Not, weinte und erzählte, was sie schon alles durchgemacht habe in ihrem traurigen Leben.

»Ihr werdet es nicht glauben, gestrenges Fräulein, was ich meine Lebtag gelitten habe. Ihr wisst eben nicht, was Kummer und Sorgen sind.« Das Fräulein fragte: »Ei, sagt mir doch, was Kummer und Sorgen sind.« Sie gab dem Weiblein ein Zehnkreuzerstück. Das Bettlerweib aber reichte dem Fräulein ihr Knäuel Garn und sagte: »Tragt den Knäuel in den Tannenwald hinauf, bis ihr die Seele findet von diesem Knäuel. Dann erfahrt Ihr gewiss, was Kummer und Sorge sind.«

Das Burgfräulein nahm den Knäuel und ging munter in den Tannenwald hinauf und wickelte vor sich hin den Knäuel ab. Da fing es langsam zu dämmern an, und mit der Dunkelheit ging der Knäuel aus. Der Jungfrau blieb eine Baumnuss, auf die der Knäuel gewunden gewesen war, in der Hand. Die Baumnuss war die Seele des Knäuels. Nun erfuhr das Fräulein, was Kummer und Sorgen sind. Das zarte Mädchen stand jedoch in einem schwarzen Tannenwald mutterseelenallein, wusste keinen Weg, keinen Steg zurück zum Schloss, hatte Hunger und Durst, nichts zu essen und zu trinken, wollte schlafen und hatte kein Bett, wollte sich wärmen und hatte keine Stube. Da fing es zu weinen an und versprach, wenn es wieder zu Leuten käme, ginge es ins Kloster.

Darauf lief sie immer weiter durch die Tannen und Föhren, betete vor sich hin, und die kalte Nachtluft zerzauste ihr die Locken.

Mit einem Mal sah sie ein Lichtlein durch die Tannen flimmern. Sie jauchzte vor Freude auf, lief auf das Lichtlein zu und kam zu einer Hütte. Sie klopfte. Ein altes, buckliges Weiblein mit einem Licht in der Hand öffnete. »Gewährt mir bitte Obdach über Nacht«, bat das Mädchen, »ich bin verwirrt und finde keinen Weg mehr heim.« »So sei es«, sagte das Mütterlein und führte das Fräulein in die Stube. »Aber«, sagte sie, »es ist nicht sicher hier. Ich fürchte, der Jäger wird bald kommen. Das ist ein wilder, ungehobelter Kerl, der nichts, was Mensch heißt, leiden will. Nur mir tut er nichts. Ich sei schon geschlagen genug mit meinem Buckel, behauptet er. Tageweise geht er fort und passt das Hochwild ab. So Gott will, kommt er heute Nacht nimmer.« Das Fräulein überlegte und seufzte voll Kummer und Sorgen. Auf einmal hörte man es bellen. Der Jäger stand vor der Hütte und fluchte. Das Mädchen, bleich und voller Schrecken, sprang auf und wollte fliehen, aber unter der Tür erwischte es der Jäger. Der zog seinen Säbel und schlug ihr das im Wind flatternde Haar ab. Das Fräulein war froh, dass ihm der Kopf noch erhalten geblieben war, und lief weiter in den Wald.

Das geschah im Herbst. Dem Jäger ging es von dieser Zeit an nicht mehr gut. Das Bild von der Jungfrau war ihm, nachdem sein Zorn verraucht war, vor die Seele gekommen. Er machte Kränzlein und Blumen aus des Fräuleins Haar, schaute sie an und weinte. »Weible«, sagt er auf einmal zu seiner Wirtschafterin, »Weible«, sagt er, »mich zieht es jetzt weiter. Ich gehe fort und suche mir die Jungfrau. Ohne diesen Engel kann ich nicht mehr leben.« Und der Jäger zog fort mitten im Winter und ging von Schloss zu Schloss. Doch nirgends fand er die Jungfrau. Endlich kam er im Schwabenland zu einem Kloster und bettelte dort um eine Suppe. Doch wer gab sie ihm? – Das Fräulein von der Ruggburg. Kreidebleich wurden beide, und die Klosterfrau schlug schnell die Tür wieder zu. Der Jäger aber lag am anderen Morgen erfroren vor der Pforte.

Nach Vonbun: Die Sagen Vorarlbergs

Die Ruggburg war eine Spornburg am Westabhang des Pfänderrückens zum Leiblachtal hin gelegen. An der Burg führte die Obere Tiroler Salzstraße vorbei, die das Bodenseeufer bei Lochau erreichte. Erhalten ist von dieser bereits im 10. Jahrhundert entstandenen Burg nur *noch eine Ruine. Im 16. Jahrhundert und dann noch einmal zu Beginn des 19. Jahrhunderts stürzten große Teile der Burg den Abhang hinunter. Bei solch einer über Jahrhunderten nicht mehr genutzten Burg ist es verständlich, dass sich Sagen und Legenden bilden und von Mund zu Mund gingen. So auch bei Schloss Halbenstein in Hörbranz-Brackenreute, ein mittelalterliches Hofgut, das unweit von der Ruggburg lag. Auch davon existiert nur noch ein kärglicher Mauerrest. Der Raubritter Hans von Rechberg (*1410, †1464) soll dort gehaust haben und zu Fehden, Kriegs- und Raubzügen aufgebrochen sein. Nach seinem Tod habe er dort im »Schlössle«, wie der Hof im Volksmund hieß, gespukt, bis er von beherzten Personen durch christliche Devotionalien daraus vertrieben wurde, erzählte man sich.*

Der Pestfriedhof von Gigelstein

Als ehemals die Pest durch die Lande zog, traf es auch die Menschen in Hörbranz und der Umgebung. Das Pfarrbuch berichtet von 180 Personen, die an der Seuche starben. Manche erzählten, es wären sogar mehr als dreihundert gewesen. Man begrub sie auf einem einsam gelegenen Gottesacker östlich von Hörbranz, unweit der Straße nach Hohenweiler. Daher nannte man ihn den Pestfriedhof und den Weg, der dorthin führte, Pest- oder Totengässle. Später wurden nur noch Selbstmörder dort begraben und solche, deren Konfession man nicht ermitteln konnte. Einmal soll sonntagnachts ein Bauernbursche von Galgenbühel bei Lochau von Möggers aus heimgegangen sein. Er fühlte sich mutig und rief »Kumm nu, kumm nu, Wieble« und ehe er sich versah, saß ihm die Aufhockerin auch schon auf dem Rücken. Er kam vom Weg ab, irrte die Nacht umher und fand sich, als es dämmerte, auf dem Pestfriedhof wieder.

Diese Aufhockerin war auch anderen schon begegnet. Einer von Lochau ging nach Bregenz zu, als es regnete. Vor ihm ging ein Weib mit aufgespanntem Regenschirm. Als diese ihn unterstehen lassen wollte, lehnte er ab, weil ihm das im Regen gehen nichts ausmachte. Nach einer Weile spürte er eine große Last auf den Schultern, die ihn nur mit großer Anstrengung nach Hause kommen ließ. Es war die Frau, die er jedoch nicht abwerfen konnte.

Nach Beitl: Im Sagenwald

Aufhocker sind koboldartige Druckgeister, die Wanderern nachts auf Schultern oder Rücken springen und von Schritt zu Schritt schwerer werden. Dieser Druckgeist ist erst wieder loszuwerden, wenn das Tageslicht erscheint oder ein Glockenläuten den Wanderer von dieser Last erlöst. Nicht nur als Frau, sondern auch als Tiere wie Bären, Hunde, Kühe oder mythische Wesen wie Werwolf oder Wassermann können Aufhocker in Erscheinung treten.

Bregenz

Bregenz ist die Landeshauptstadt des österreichischen Bundeslandes Vorarlberg. Die Stadt liegt zwischen dem Bergabhang des Pfänderrückens und dem Ostufer des Bodensees. Der früheste bekannte Name lautet Brigántion und ist etwa um die Zeitenwende belegt. Man führt ihn auf keltische Ursprünge (brigant = herausragend) zurück. Älteste Siedlungsspuren reichen bis ins 2. Jahrtausend v. Chr. zurück. Als die Römer das Vorarlberger Gebiet im Jahre 15 v. Chr. eroberten, errichteten sie die Stadt Brigantium. Alamannen zerstörten diese römisch-keltische Siedlung im 3. Jahrhundert. Danach wurde sie kastellartig ausgebaut und blieb bis ins 5. Jahrhundert in der Hand der Römer. Zwischen 610 und 612 wirkten die iroschottischen Missionare Columban und Gallus im Bregenzer Raum, was sich in manchen Legenden widerspiegelt. Die heutige Altstadt liegt innerhalb des Bereichs, der vom 13. bis 16. Jahrhundert durch Mauern befestigt war. Teile dieser Mauern sind noch erhalten. Im Jahre 1330 erhielt die Stadt von Kaiser Ludwig dem Bayer das Marktrecht. In den Appenzellerkriegen in der ersten Hälfte des 15. Jahrhunderts wurde die Bregenzer Vorstadt zerstört. 1451 kaufte das Fürstenhaus Habsburg die Stadt, 1523 wurde Bregenz ins Erzherzogtum Österreich eingegliedert. In Sagen wird auch die Zeit des Dreißigjährigen Krieges gespiegelt, in der die Schweden und Franzosen Verwüstung rund um den See und auch in Vorarlberg anrichteten. So wurde kurz vor Ende des Krieges noch die Burg Hohenbregenz von den Schweden gesprengt. Im Jahre 1805 wurde Bregenz bayerisch, was auch Vorarlberger Freiheitskämpfer in der Folge nicht korrigieren konnten. Erst auf dem Wiener Kongress fiel das Gebiet an Österreich zurück. Nach der Besetzung Österreichs im Dritten Reich wurde das Vorarlberger Gebiet Teil der neuen Ostmark und von 1945 bis 1955 französische Besatzungszone.

St. Columban und seine Schüler

Um das Jahr 610 verließ der Heilige St. Columban den Hof des Frankenkönigs Theuderichs, weil er wegen seiner Sittenpredigten in Ungnade gefallen war. Mit seinen Schülern Gallus, Domoal, Eunocus und anderen kam er nach Arbon am Bodensee. Den dort lebenden frommen Priester Wilimar fragte er nach einem Ort in der Einsamkeit, an denen sie sich zu frommen Übungen niederlassen könnten. Die Antwort lautete: »Es gibt einen Ort, an dem Spuren alter Gebäude und Trümmer zu finden sind, das Erdreich aber fett und ertragreich ist. Hohe Berge stehen im Halbkreis, die Ebene aber ist fruchtbar. Wer dort Nahrung suche, dem wird der Lohn seiner Arbeit nicht versagt. Der Name dieses Ortes ist Brigantium.«

Columban ließ sich dort mit seinen Schülern nieder. Sie fanden auch eine Kapelle, die der Heiligen Aurelia geweiht, allerdings durch Götzenbilder der Alamannen – Wotan, Thor und Freya – verunstaltet und entheiligt war. Vorerst ließen die Mönche alles, wie es ist, und wandten sich der Arbeit und stillen Einkehr zu. Sie bemühten sich außerdem, die Sprache der Bevölkerung zu lernen. Gallus besaß einige Kenntnisse in der Heilkunde. Außerdem ließen Sie die Bevölkerung an der Ausbeute ihrer Fischerei teilnehmen, sodass sie bald in gutem Ruf standen. Columban wagte es endlich, durch seine Predigten die Menschen für das Christentum zu begeistern, und konnte schließlich die Götzenbilder zertrümmern und in den See werfen. Columban wanderte später weiter nach Italien, weil der Herzog von Überlingen den Missionar zum Verlassen der Gegend aufgefordert hatte. Gallus aber blieb, wandte sich wieder nach Arbon und gründete endlich Stadt und Kloster St. Gallen.

Nach Vorbun: Die Sagen Vorarlbergs

Columban von Luxeuill (um 540/43 in Leinster/Irland, †615 in Bobbio/Italien), war irischer Wandermönch und Missionar. Er darf nicht mit jenem Columban (von Iona *521/522 Gartan, Irland, †597 Iona, Schottland) verwechselt werden, der Schottland missionierte. Im Jahr 591 brach er mit weiteren Mönchen – unter Ihnen der heilige Gallus – zu einer Missionsreise auf, die sie zunächst nach Britannien und anschließend in das Frankenreich führte. Unter Childebert II. (*570, †596) gründete er zunächst das Kloster Annegray in Burgund.*

*Auch unter dem Nachfolger Theuderich II. (*587, †613 in Metz) genoss er zunächst Protektion. Als er diesem jedoch wegen mehrerer unehelichen Kinder mit der Exkommunikation drohte, verlor er diese Gunst und musste Frankreich verlassen. Über Laufen und Ettikon kam er zum Zürichsee, wo er zunächst seine Missionierung fortsetzte. Später ging er an den Bodensee, zog aber von dort 612 weiter nach Norditalien, wo er 615 in Bobbio starb.*

Mit der heiligen Aurelia ist vermutlich Aurelia von Straßburg (4. Jahrhundert) gemeint.

Die Stadtretterin Guta

Eine alte Frau war bei Schnee und starkem Wind von den Bergen herabgestiegen nach Rankweil. Völlig verfroren betrat sie eine Taverne, die übervoll war von redenden, ja schreienden, rauchenden Menschen. Keine Chance, einen Platz an einem der Tische zu finden. Der Wirt und die robuste Bedienung ignorierten das alte Weiblein und so schlüpfte sie in einen kleinen Raum neben der Gaststube und legte sich hinter den Ofen, um ihre steif gefrorenen Glieder zu wärmen. Dabei schlief sie ein. Als sie erwachte, saß eine Gruppe Männer um den Tisch herum, die aufgeregt diskutierten. Bald verstand das Weiblein, dass es darum ging, die Stadt Bregenz am St. Hilaritag zu überfallen und zu ihrem ‚Bund ob dem See' zu zwingen. Erschrocken bewegte sie sich und das Rascheln ließ die Männer hinter dem Ofen nachschauen. Sie zogen das Weiblein hervor und befragten sie, was sie mitbekommen habe. Stotternd beschwor die Frau, nichts gehört zu haben, sich aus Müdigkeit hinter den Ofen gelegt zu haben und erst kurz, bevor sie hervorgezogen wurde, erwacht zu sein. Da ließ man sie gehen, allerdings erst, nachdem sie unter Eid geschworen hatte, nichts von dem, was sie im Raum gehört haben könnte, irgendeinem Menschen zu erzählen. Wenn sie es doch täte, würde man sie zu finden wissen und töten.

Trotz der Kälte und des Hungers machte sie sich auf den Weg hinab nach Bregenz. Am Vormittag des nächsten Tages kam sie dort an, suchte das Rathaus, fragte nach dem Ammann. Sie stürmte, als man sie wegen einer Ratssitzung des Amts verweisen wollte, in den Ratssaal und stellte sich vor den Ofen. Dieser Auftritt war so heftig, dass alle noch eben heftig diskutierenden Ratsmänner das Reden einstellten und das alte

Weiblein vor dem Ofen ansahen. Dem hinzugeeilten Ratsdiener, der die Frau hinauszerren wollte, verbot der Amman dies und fragte die Frau, was sie zu diesem Auftritt bewegt hätte. Sie komme aus Rankweil, sagte sie, noch ein wenig atemlos. Was sie dort gesehen und gehört hätte, dürfe sie keinem Menschen sagen, da sie durch Eid gebunden wäre. Sie wolle es aber dem Ofen erzählen. Der Stadtammann nickte ihr zu und so berichtete die Frau, zum Ofen gewandt, alles, was sie gehört hatte. Wer sie sei, wollte der Ammann noch wissen. Man nenne sie die Guta und allüberall sei sie als die alte Guta bekannt, antwortete sie.

Der Ammann setzte sich sofort mit dem Grafen Wilhelm von Montfort-Bregenz in Verbindung, der durch Eilboten den schwäbischen Adel vom St. Georgenschild um Hilfe bat. Achttausend Mann – Ritter und Knechte – sollen damals aufgeboten worden sein und den Appenzellern eine mächtige Niederlage zugefügt haben.

Gefragt, welchen Lohn sie fordere, antworte die Alte, dass sie nicht mehr als eine Unterkunft und ausreichend Nahrung für sich brauche. Allerdings solle die Nachtwache der Stadt von Martini bis Lichtmess jeweils zur neunten Abendstunde den Ruf »Ehret die Guta« erklingen lassen. Diesem Wunsch wurde stattgegeben und so erklang der Ruf jeden Abend in der vorgegebenen Zeit, der aber mit der Zeit zu »Ehrguta« zusammenschmolz. Erst 1812 fand dies durch den königlich bairischen Landrichter Weber per Anordnung ein Ende.

Nach Vonbun: Die Sagen Vorarlbergs

Hintergrund dieser Sage sind die Appenzellerkriege, die zum Beginn des 15. Jahrhunderts stattfanden und sich sowohl um die Machteinflüsse der Fürstabtei St. Gallen als auch der Hohenzollern drehten. Die Appenzeller wehrten sich gegen diese Einflussnahme, gründeten den ‚Bund ob dem See' und fügten den Heeren des Fürstbischofs und den Hohenzollern eine Reihe Niederlagen zu. Vor Bregenz erlitten sie allerdings am 13. Januar 1408 selbst eine Niederlage. Eine Variante der Sage erzählt, dass es sich bei der Frau Guta um die Gattin des Wilhelm VII. von Montfort-Bregenz (†1422) gehandelt haben soll. Allerdings hieß dessen Frau Kunigunde (von Toggenburg); ob deren Name sich zu ‚Guta' zusammendrängen ließe, erscheint mir zweifelhaft.

Der Ammann (in Deutschland Amtmann) war seit dem Mittelalter der oberste Dienstmann eines vom Landesherrn geschaffenen Amtes. Ihm oblag die Eintreibung der Steuern, die Rechtsprechung sowie die Durchsetzung von Sicherheit und Ordnung, wofür ihm in der Regel eine kleine bewaffnete Einheit zur Verfügung stand.

Maria Bildstein

Östlich von Bregenz liegt das Pfarrdorf Bildstein. Es besitzt eine große Wallfahrtskirche mit zwei Türmen. Zu dieser Kirche wallfahren viele gläubige Pilger, um vor dem Gnadenbild Marias zu beten. Im Unterdorf steht ein Bildstock, wo das Marienbild ursprünglich stand. Der fromme Bauer Gallus Höfle soll in der zweiten Hälfte des 16. Jahrhunderts ein hölzernes Häuschen für das Bild gebaut haben. Dessen Sohn Georg Höfle errichtete im Jahr 1629 dafür eine steinerne Kapelle, weil er ein Gelübde abgelegt hatte. Nach dem Jahr 1650 entstand dann die jetzt noch stehende Kirche mit den zwei Türmen. Pilger kamen aus der Schweiz, Württemberg und Baden zu diesem Gnadenbild, das Maria als Königin, mit dem linken Arm das Jesuskind und dem rechten ein Scepter haltend, darstellt.

Nach Rolfus: Klänge aus der Vorzeit

*Die Kirche steht heute im Ortszentrum auf einem freien Platz. Die vom Bregenzer Baumeister Michael Kuen (*um 1610, †1686) erbaute frühbarocke Wallfahrtskirche wurde von 1662 bis 1676 erbaut. Die Doppelturmfassade entstand 1692 und die Doppeltürme 1838. Von Papst Franziskus wurde der Wallfahrtskirche 2018 der Ehrentitel einer Basilika zuerkannt. Das Gnadenbild mit der Krönung Marias stammt aus dem Jahr 1390. Im schweizerischen Kanton Benken gibt es ebenfalls einen Marienwallfahrtsort mit dem Namen Maria Bildstein. Die Legende bezieht sich jedoch eindeutig auf den Wallfahrtsort in Vorarlberg.*

Die selige Haberilia

Louis Mörike war im Gasthaus geblieben, er musste sich um das Pferd kümmern und hatte keine Lust zu einem Spaziergang. Eduard aber wollte das Kloster Mehrerau sehen oder das, was von ihm noch übrig war. Er verlief sich zunächst im Mehrerauer Wald und fragte einen alten, schon gebückt gehenden alten Mann nach dem Weg zum Kloster. Er könne mit ihm gehen, beschied dieser und humpelte in die entgegengesetzte Richtung, die Eduard eingeschlagen hatte. Nach kurzem Zögern folgte er. Ob er auch ein Gebrechen hätte, um dessen Heilung er bitten wolle, fragte der Alte.

Gebrechen hätte er einige, beschied Eduard ohne langes Nachdenken. Der Kopf wäre ihm oft so schwer und die Schmerzen dann und wann schier nicht auszuhalten. Außerdem ginge es nicht immer mit dem Atmen so gut. Ob sie denn im Kloster gute Ärzte hätten? Der Alte schüttelte den Kopf. Sie hätten die selige Haberilia, da bräuchte es keine Ärzte.

Von der hätte er tatsächlich schon gehört, antwortete Eduard. Sie soll zur Zeit des heiligen Gallus gelebt haben und seine Schülerin gewesen sein. Schließlich habe sie sich in die Einsamkeit an den Bodensee zurückgezogen und in Mehrerau eine Klause errichtet, wo sie ein überaus strenges und heiliges Leben führte. Bald schlossen sich ihr weitere fromme Jungfrauen an, um unter ihrer Leitung ein gottgeweihtes Leben zu führen. Der heilige Gallus setzte sie als Vorsteherin über dieses neue Kloster. Reich an Tugenden und Verdiensten, ging sie endlich in die ewige Glorie ein. Man weiß ihr genaues Todesjahr nicht.

Der Alte nickte. Die Selige ruhte lange in der Basilika der heiligen Fürsten-Apostel in der Krypta. Ehemals soll ihr Grab zur rechten Seite des St. Katharinen-Altars gelegen haben. Ihre sterbliche Hülle deckte ein schön gemeißelter Stein. Von nah und fern eilte man ehedem zu ihrem Grab, und es wurden auf ihre Fürbitte viele Gebete erhört. Fieberkranke, Schwindsüchtige und andere Kranke erhielten ihre Gesundheit zurück. Besonders für kranke Kinder wurde die selige Haberilia angerufen. Die Eltern brachten die Kinder am Freitag dorthin, legten sie unter Anrufung der hochheiligen Dreieinigkeit dreimal unter ihren Grabstein, und nicht selten wurden sie von ihrem Übel geheilt. Andere nahmen Erde von dem Grab der Seligen in Tuch eingewickelt mit und legten sie den Kindern auf, und nachdem diese genesen, trugen sie die Erde zur Bestätigung der wundervollen Heilung wieder an den vorigen Ort zurück.

Liegt denn in der Basilika Erde unter dem Grab? staunte Eduard. Der Alte winkte ab. Früher vielleicht, wer weiß das schon, es sei so lange her. Auch Erwachsene legten sich dreimal unter ihren Grabstein und wurden oft wunderbar geheilt. Nun wolle er es selbst einmal probieren.

Ob es das Grab denn noch gäbe, wollte Eduard wissen. Der Alte seufzte laut und schüttelte den Kopf. Die Kirche sei schon vor vielen Jahren zerstört worden. Eine Fabrik hätte man im Konventsgebäude eingerichtet. Auch sei die selige Haberilia von vielen vergessen worden. Aber manche, die sich noch daran erinnerten, hätten es schon probiert und sich in die Ruine der ehemaligen Klosterkirche gelegt und manch einer sei von seinen Leiden geheilt worden. Zisterzienser wollten die Kirche und das Kloster wieder aufbauen, erzählt man sich, aber bislang sei noch nichts geschehen.

Eduard antwortete darauf nicht, beschloss aber, wenn nicht zu viele Leute dabeistünden, es selbst einmal zu prüfen. Schaden könne es ja nicht.

Nach Rolfus: Klänge aus der Vorzeit

Haberilia ist vermutlich um 1100 in Bregenz-Mehrerau gestorben. Sie war eine Klausnerin, die bei oder im Kloster Mehrerau lebte. Die einstmals romanische Basilika wurde im 18. Jahrhundert umgebaut und das Grab verlegt. Es ging nach der Säkularisation und Zerstörung der Klosterkirche im Jahr 1808 verloren. Die barocke Kirche diente als Steinbruch für den Neubau des Lindauer Hafens. Im Jahre 1850 wurde es von Zisterziensern wieder besiedelt. Bereits vor der Säkularisierung war die Haberilia-Verehrung abgeflaut.

Bregenzerwald

Der Bregenzerwald reicht vom Bodensee bis an den Hochtannenpass. Es ist heute kein reines Waldgebiet mehr, sondern eine Kulturlandschaft, in der auch Almwirtschaft betrieben wird. Alpenländische Sagenstoffe sind deshalb auch am Bodensee vertreten.

Die Bregenzerwälderinnen und die Schweden

Dass die Tracht der Wälderinnen dunkel ist, hat seine Geschichte, die in die Zeit des Dreißigjährigen Krieges zurückreicht. Auf dem Bodensee herrschte viele Jahre ein erbitterter Seekrieg, dem viele Menschen zum Opfer fielen. Zuletzt wurde auch Bregenz von dem schwedischen Feldmarschall Graf von Wrangel erobert. Als die Schweden sich aber an die Eroberung des Bregenzer Waldes machen wollten, erlebten Sie eine Überraschung. Gerade hatten sie das Dorf Alberschwende erreicht, als ihnen eine große Schar waffenschwingender weißgekleideter Wesen entgegenkam. Die Schweden erschraken, denn sie hielten diese Gestalten für himmlische Wesen. Es waren jedoch nur die Frauen und Mädchen der Umgebung, die sich nicht den schwedischen Soldaten, deren Grausamkeit bekannt war, unterwerfen wollten. Mit Heugabeln, Sensen und allem, was scharf und gefährlich war, griffen sie die Soldaten an. Die flüchtenden Schweden wurden sämtlich niedergemacht und nur wenige entkamen. Als die Frauen später erfuhren, dass man sie für himmlische Wesen gehalten hatte, glaubten sie selbst an eine Vorsehung und beschlossen, zum Dank künftig die weiße gegen dunkle Kleidung zu tauschen.

Nach Elsensohn: Sagen und Volksglauben im inneren Bregenzerwald

*Der Seekrieg auf dem Bodensee dauerte von 1632 bis 1648. Bregenz wurde erst am 4. Januar 1647 durch den schwedischen Feldherrn Carl Gustaf Wrangel (*1613, †1676), der für seine Grausamkeit bekannt war, erobert. Die Schweden sprengten noch die Burg Hohenbregenz, bevor sie sich gegen Ende des Krieges zurückzogen.*

Alpenbütze im Bregenzerwald

Der Wanderer hat sich im Bregenzerwald ein wenig verstiegen und so fragt er in dem Dorf, in dem er eintraf, während schon die Dämmerung beginnt, im Gasthaus nach einem Zimmer. Als er sich dort eingerichtet hat, geht er in die Gaststube hinunter, um noch etwas zu essen. Doch die Stube ist voll, kein Platz mehr frei. Da winkt ihm jemand von einem Tisch, bei dem noch ein leerer Stuhl steht. Erleichtert geht er hin, setzt sich, stellt sich vor und sieht neugierig in die Gesichter, das eine schon faltig und grau, die anderen drei noch rosig und prall. Der Vater mit seinen Söhnen, denkt er, doch stellt sich heraus, dass sie alle von verschiedenen Höfen stammen. Bauern und Senner alle vier. Schon steht das Bier vor ihm und ein Teller mit Brot und Käse wird ihm hingeschoben. Er lässt es sich schmecken, nicht nur, weil er ausgehungert ist.

Was er gemacht hätte, wäre er nicht in einem Gasthof aufgenommen worden, will der Alte wissen. Nun ja, meint er noch kauend, in irgendeiner Hütte wäre er schon untergekommen. Ob er keine Furcht davor habe, einem Alpenbütz zu begegnen? Was denn ein Alpenbütz sei, will der Wanderer nun wissen. Sie kommen mit Vorliebe im Herbst und Winter, wenn das Vieh herabgetrieben und die Hütten verlassen sind. Aber auch in der anderen Zeit tauchen sie dann und wann auf. Wer ihnen nichts zu Leide tut, hat von ihnen nichts zu fürchten. Aber wehe man reizt sie, dann können sie bösartig werden.

Droben auf der Alpe Ostergunto, erzählt nun einer von den jüngeren, da kann es passieren, dass man nachts aufwacht, oben im Heu, und unten in der Hütte da rumpelt und pumpelt es. Die Kühe werden in den Stall getrieben, gemolken, die Milchgeschirre hin- und hergeworfen, der Kessel über das Feuer gehenkt, die Milch hineingegeben, der Käse herausgenommen, die Butter gerührt, endlich alles abgewaschen und wieder an seinen Ort gebracht. Dann wird es wieder still und am Morgen, wenn man herunterkommt, ist alles wieder so, als wäre in der Nacht nichts vorgefallen.

Und das habt ihr selbst erlebt? will der Wanderer wissen. Doch statt einer Antwort erzählt ein anderer. Ähnlich ist es auf der Alpe Diedams. Schellenklingel und Gerappel von herankommenden Saumpferden hört man in der Nacht, dann das Abladen der

Kisten mit Gepolter. Käseleiber werden aus dem Keller getragen, aufgeladen und weggefahren, genauso, wie es im Herbst auf den Alpen zu geschehen pflegt. Morgens dann, wenn man nachschaut, ist alles in Ordnung und nichts weggekommen.

Ich bin einmal nach Diedams hinaufgestiegen, erzählt nun der Dritte, um die verbliebenen Käselaibe zu holen. Weil der Weg weit ist, blieb ich über Nacht. Es wurde dunkel und ich konnte nicht einschlafen, da kamen die Bütze langsam aus dem Boden, einige senkten sich von der Decke herab, andere huschten durch das Fenster herein. Dann begannen sie zu sennen, melkten Kühe, die vorher nicht dagewesen waren, bereiteten Butter und Käse. Ich sah ihnen zu, tat ihnen nichts und sagte auch nichts zu ihrem Tun. In der Früh verschwanden sie nicht, halfen mir beim Beladen des Saumpferds und ließen mich wohlbehalten ziehen.

Der Wanderer hat aufgehört zu essen, und sieht den vierten an. Auf dem Bergzug, beginnt dieser, der vom Rothhorn sich rechts vom großen Walsertal bis gegen den Rhein hin streckt, hausten die Elbbützen einmal recht arg. Man weiß nicht, wer sie verärgert hatte, aber Quellen versiegten über Nacht, Gras und Kraut verdorrte und Vieh und Menschen litten Not. Ein Mann und manche Kuh sollen von ihnen sogar in Abgründe gelockt worden sein. Es wurde ein frommer Kapuziner gerufen, dessen kräftige Segenssprüche schließlich halfen, die boshaften Bütze zu bannen.

Und kommen sie auch hierher? will der Wanderer nun wissen. Möglich, sagt der Alte. Die anderen heben die Schultern leicht und lassen sie wieder fallen. Dann erheben sie sich und sagen, sie wollten lieber zeitig daheim sein. Der Wanderer aber begibt sich auf sein Zimmer, denkt noch darüber nach, wie er sich bei solchen Erscheinungen verhalten würde, und ist darüber unmerklich eingeschlafen.

Nach Vonbun/Saner: Sagen Vorarlbergs

Der Butz (auch Bütze, Butze, Putz, Boz, Buz, Butzenmann, Buschemann, Bugimann, Bullebeiß, Busemand, Buhmann, Boesman, Böölimann oder Böögg genannt) ist eine Sammelbezeichnung für erschreckende Dämonen und Gespenster, besonders alle kobold- oder zwergenartigen. Diese mythischen Wesen sind überwiegend aus dem süddeutschen und schweizerischen Raum bekannt – aber nicht nur – und wurden sehr gefürchtet.

2.

Das Schweizer Ufer bis Kreuzlingen

»Nachdem der Wandrer auf dem schwäbischen Ufer alles Großartige und Erhabene der Seegegend genossen, erwartet ihn auf dem schweizerischen Gestade das Stilleben der Natur, das gerade nach den größten Eindrücken auf Auge und Gemüth so wohltätig wirkt«, schreibt Gustav Schwab 1829. Obwohl inzwischen fast zweihundert Jahre vergangen sind und sich vieles verändert hat, die kleinen Dörfer gewachsen sind, teilweise zu kleinen Städten, ist dieser Kontrast doch noch heute so zu erleben. Dem lauten Nordufer steht das stillere und beschaulichere Südufer des Sees gegenüber.

Das Möttelischloss bei Rohrschach

Als Louis und Eduard Mörike das Gasthaus betreten, ist es draußen schon dunkel. Man schüttelt den Kopf ob dieser späten Einkehr, gibt aber gern noch ein Zimmer und verspricht, sich um Pferd und Kutsche zu kümmern. Auch eine Abendmahlzeit wird noch zugesagt und so sitzen sie bald darauf vor einer heißen Suppe und einem Glas Wein. Als die Wirtin kommt, um Brot, Käse und etwas Wurst hinzustellen, fragt Eduard:

»Wir haben bei der Ankunft dort hinten die Burg gesehen. Residiert dort noch jemand?«

»Das Möttelischloss«, antwortet die Wirtin und schüttelte den Kopf. »Schon lang nit mehr. Es ist auch nur selten noch jemand heroben.«

»Aber wir haben doch Licht gesehen.«

»Alles war hell erleuchtet«, bestätigt Louis.

Die Wirtin seufzt: »Auf diesem Schloss herrschte früher, als seine Besitzer noch am Leben waren, ein fröhliches und lustiges Treiben. Manche meinen, dass es deswegen auch noch nach ihrem Tod fortdauert. Sie können auch als Geister nicht aufhören zu feiern. Manchmal in dunkler Mitternacht ist das Schloss wie hell erleuchtet. Man hört Becherklang und lustige Gesänge. Unten am Stadel der Burg aber vernimmt man ganz deutlich, wie Kegel geschoben werden. Wie die Kugeln in die Kegel einprallen und dabei Gelächter und Beifall, so als ob ein Glücklicher alle Neune getroffen hätte. Das ist ganz deutlich zu hören. Dann aber ist es auf einen Schlag totenstill.«

Die Brüder sehen sich an.

»Ich hätte Lust, einmal hinaufzugehen,« sagt Eduard.

»Gott bewahre!«, ruft die Wirtin und bekreuzigte sich. Louis schüttelte den Kopf.

»Nein, Bruder, ich bestimmt nicht. Mir reicht unser Cleversulzbacher Geist völlig aus. Fremde Schlossgeister muss ich nicht kennenlernen.«

»Interessant wäre es schon«, versucht Eduard zu locken.

»Wer keine Furcht hat«, sagt die Wirtin, »soll dort einen großen Reichtum gewinnen können.«

»Wie das?«, fragt jetzt, ebenfalls neugierig geworden, Louis.

»In dem Keller des Möttelischlosses soll ein ungeheurer Schatz vergraben liegen, der von zwei wunderschönen Jungfrauen bewacht wird. Jede von ihnen führt einen großen Hund bei sich. Klopft man des Mitternachts an die Pforte, so beginnen die Hunde fürchterlich zu heulen. Klopft man dennoch ohne Furcht fort, so öffnet sich endlich die Pforte und die beiden Jungfrauen treten, mit weißen Kleidern und roten Schuhen an den Füßen, heraus und bitten um einen Kuss. Dies sei die Bedingung zu ihrer Befreiung. Als Lohn gäbe es den Schatz. Die Hunde fletschen aber dabei so fürchterlich mit den Zähnen, dass bis jetzt ein Jeder den Mut dazu verloren hat.«

»Na, traust du dich jetzt, Louis? Ich die Jungfrauen und du den Schatz?«

»Ich weiß nicht, besser ist es, wir legen uns ins Bett und schlafen aus. Morgen wollen wir nach Arbon und St. Gallen. Da müssen wir früh heraus.«

»Mit verwunschenen Jungfrauen ist nicht zu spaßen, besonders nicht bei jungen Männern«, bekräftigte die Wirtin die Entscheidung und so stimmte endlich auch Eduard zu.

Nach Kohlrusch: Schweizerisches Sagenbuch und Mörike: Briefe

Schloss Sulzberg steht auf einer Felsrippe südlich von Rohrschach. Im Volksmund wird es Möttelischloss genannt, wohl nach einem der Besitzer aus dem 15. Jahrhundert, Jörg Mötteli aus Ravensburg. Dessen Familie bezeichnete sich allerdings schon bald als die Herren von Rappenstein. Kaum hundert Jahre später starb die Familie aus, das Schloss ging in andere Hände und es verfiel nach und nach. Ende des 18. Jahrhunderts sollte es abgerissen werden, was der Fürstabt jedoch verbot.

Im September 1840 unternahm Eduard Mörike mit seinem Bruder Louis eine Reise an den Bodensee. Sie kamen in Lindau an, umrundeten den See über Bregenz, querten den Rhein und schauten sich auch noch den Einfluss in den See an. »Für diesen Abend langte es noch eben nach Rorschach«, schrieb er am 25. September nach Cleversulzbach. Ob er das Schloss bemerkt und ob er die alten Sagen erzählt bekommen hat, ist ungewiss, aber eine schöne Vorstellung.

Die Steinerburg

Vielleicht sind Louis und Eduard Mörike auf der Reise nach Arbon auch an der Steinerburg vorbeigekommen oder haben sie von Steinach aus erblickt, und möglicherweise hat ihnen bei einer Rast auch jemand erzählt, dass dort oben einstmals Ritter Bligger von Steinach gelebt hatte, jener Minnesänger, der schon von Gottfried von Straßburg über die Maßen gerühmt wurde und von dem man erzählte, dass er mit seiner Harfe zwar nicht wie Orpheus die Seelen der Verstorbenen beschwören, doch aber die Elemente bezwingen und so die heftigsten Stürme abmildern und seine Heimat dadurch verschonen konnte.

Weniger Rühmliches ist von dem letzten Herrn auf Steinach zu berichten. Jener galt als brutaler, gefühlloser Herrscher, vor dem die Untertanen erschraken, wenn er aus seiner Festung kam. Er züchtigte und quälte diejenigen, die ihm nicht gefielen oder die ihm nicht aufs Wort gehorchten. Als eine Fehde zwischen ihm und dem Nachbarn, dem Herrn von Wartensee, ausbrach, fiel er ohne Erbarmen in dessen Gebiet ein, brandschatzte die Dörfer und Höfe und tötete jeden Knecht und Leibeigenen seines Feindes, deren er habhaft werden konnte – ungeachtet der Tatsache, dass seine Mutter der Familie von Wartensee entstammte.

Vergeblich versuchte der Herr von Wartensee seinem Gegner beizukommen, doch dieser verließ niemals ohne große Begleitung die Burg und nachts zog er die Zugbrücke hoch, setzte Wächter auf die Mauern und ließ blutgierige Hunde durch den Burghof streifen. Endlich gelang es dem Herrn von Wartensee ein Mädchen aus der Steinerburg zu bewegen, ihm durch ein weißes Tuch ein Zeichen zu geben, wenn der Herr von Steinach zum Mahl beim Fenster auf der Seite zu Wartensee sitze. Diese Gelegenheit nutzte er, mit der Armbrust einen Pfeil hinüberzuschießen, dass den Steinacher vom Rücken durch die Brust durchbohrte und im Tisch stecken blieb. Den Blutfleck am Boden, wo er niedergestürzt war, konnte angeblich kein Wasser mehr auslöschen.

Nach Kohlrusch: Schweizerisches Sagenbuch

Ob der Minnesänger Bligger von Steinach (um 1200) auf der Steinerburg gelebt hat, ist ungewiss. Er wurde auch schon im Pfälzischen vermutet. Inzwischen geht man davon aus, dass es ein rheinfränkischer Edelherr aus Neckarsteinach war. Die Steinerburg, unweit vom Südufer des Bodensees gelegen, wurde um 1200 von den Herren von Steinach aus Findlingen erbaut, ging im 16. Jahrhundert an das Kloster St. Gallen über und wurde nach dessen Aufhebung 1805 versteigert, später teilweise abgebrochen und ihre Ruine ab 1975 saniert. Inzwischen ist die Steinerburg im Besitz der Gemeinde Steinach.

Paracelsus in St. Gallen

Einen Abstecher nach St. Gallen musste sein, wie sehr auch Louis klagt und moniert. Eduard will die berühmte Stiftsbibliothek im Benediktinerstift besuchen. Den nörgelnden Bruder hinter sich geht er an den Regalen entlang, zieht hier ein Buch heraus, schiebt es wieder zurück und wenige Schritte später tut er solches erneut.

»Hör Eduard, du hast jetzt genug gesehen, wir müssen weiter. Heute noch will ich in Konstanz Quartier nehmen.«

Doch der Bruder beachtet ihn nicht. Zieht erneut ein Buch heraus, legt es auf ein Pult und schlägt es auf. Nachdem er ein wenig geblättert hat, merkt er auf und ruft den Bruder, der schon weitergegangen ist, zurück.

»Louis, hör dir das mal an: Es was uf ain Zyt, 1526-30, do der in ganz Europa hoch verüemt Doktor Theophrastus Paracelsus zu St. Gallen im obern Thurgäuw, vor dem Multerthor saß und mit ihm manch ehrbare Burger, wie das noch hütigen Tages zur Abendzyt gepflogen wirdt.«

Louis winkt ab. »Hör auf. Das versteht ja kein Mensch.«

»Dann will ich es für dich übersetzen, denn es ist interessant: Zunächst erzählte ihnen der Doktor von seinen Reisen durch vielerlei Länder: Böhmen, Ungarn, Polen, Kroatien und Skandinavien und wie der dabei viel Kunde von heilsamen Kräutern und wie man Wundsalben herstellt, erfahren hat. Und wie er allen so erzählt vom Tun und Treiben der Menschen in den fremden Ländern, da kommt der Stücheler, der Stadtpfeifer vorbei. Er, der sonst ein heller und fröhlicher Mensch ist, lässt traurig seinen Kopf hängen wider aller Gewohnheit. Stücheler, ruft da der Doktor, mein guter Gesell, was bist du so traurig und lässt die Lefzen hängen? Du wärst wohl lieber bei deinen Herren zu Baden, statt hier ums Tor zu schleichen und die Fittiche hängen zu lassen wie ein Vogel in der Mauser. Der Stadtpfeifer nickt mit dem Haupte, als wolle er dem Paracelsus Recht geben, und schämt sich gleich darauf darüber. Doch dieser fährt fort und ruft: Willst du noch heute zur Abendstunde in Baden sein und zu deiner und ihrer Lust den Herren vorpfeifen? Dann reite doch dahin, ich höre schon das Rösslein stampfen und wiehern dort drüben. Darüber wundern sich alle, insbesondere der Pfeifer, doch der Doktor gibt keine Ruhe und sagt, was säumst du so lange, da steht doch

das Pferd für dich, setz dich hinauf und grüß die Herren in Baden von mir. Da setzt sich der Stücheler hurtig auf das Pferd und im Nu hebt es sich vom Boden, als wenn es ein Vogel wäre und schwebt mit dem Pfeifer davon. Alle sind entsetzt darüber doch der Doktor lacht wie ein Schalk.«

Louis schüttelt den Kopf. »Was ist das für eine Spukgeschichte, die du da hervorgezogen hast.«

»Sie ist noch nicht zu Ende«, sagt Eduard. »Höre weiter: Ehe er sich versah, war der Pfeifer auf seiner Reise durch die Luft in Baden angekommen und stieg vor der Herberge ab, gerade als man in Baden die Glocken läutete. Kaum hatte er jedoch die Füße aus den Bügeln genommen, so war das Rösslein auf und davon. In Baden war aber alles lebendig und voller Leben. Fremde Gesandte, solche von Adel, Einheimische, alle vergnügten sich bei Spiel und Tanz und mit Bankettieren. Das gemeine Volk machte es ihnen in den Wirtshäusern nach. Der Stücheler aber huschte zu den Spielleuten, suchte sich den hintersten Platz und begann mitzupfeifen. Der Junker Ludwig Zollikofer aus St. Gallen sagte kurz darauf zu seinem Schwager, Heinrich Blum, ihm sei, als hör er des Stüchelers Pfeifen über allen anderen heraus. Und doch seien es fremde Spielleute aus Böhmen. Er konnte den Stücheler nicht sehen, weil dieser hinter einem Pfosten stand. Doch wunderte sich der Junker Ludwig so sehr, dass er näher hinzutrat und auch hinter die Spielleute schlich. Da gewahrte er den Stücheler, zog ihn hervor und nun musste er den Ratsherren aus St. Gallen beichten, wie er hergekommen sei. Darüber waren die einen sehr verwundert, fanden es seltsam, die anderen meinten, er hätte ein wenig zu viel getrunken und vergessen, wie er hergekommen sei. Alle aber hatten viel Freude an seinem Spiel und seinem munteren Wesen. Der Pfeifer vergaß auch nicht, des Paracelsus Gruß zu bestellen. Zurück nach St. Gallen ritt der Stücheler dann gemächlicher mit den Herren, als er nach Baden hingefunden hatte.«

Eduard klappte das Buch zu, stellte es zurück und gab nun dem Drängen des Bruders nach, weiter nach Konstanz zu fahren. In Uttwil hielten sie, um die Pferde zu füttern, aber Eduard wurde unwohl und weil der Nachmittag schon fortgeschritten, schlug Louis vor, über Nacht zu bleiben. Eduard stimmte zu, legte sich gleich zu Bett und war am folgenden Morgen wie in Gesundheit gebadet.

Nach Kohlrusch: Schweizerisches Sagenbuch und Eduard Mörike: Briefe

Ob Eduard Mörike diese Sage tatsächlich in der Stiftsbibliothek gefunden haben könnte, ist fraglich, da die Quelle, aus der sie von Kohlrusch entnommen wurde, die Neue illustrierte Zeitschrift für die Schweiz ist. Gleichwohl kam sie auch in älteren Veröffentlichungen vor, etwa bei Bartholomaei Anhorn, sodass dies keine weit hergeholte Vermutung ist. Dass die Brüder eine Stippvisite nach St. Gallen unternahmen, ist durch den weiter oben genannten Brief jedoch bestätigt.

*Theophrastus Bombast von Hohenheim (*1493 im Kanton Schwyz, †1541 in Salzburg), Paracelsus genannt, war zu seiner Zeit bereits eine bekannte Persönlichkeit. Seine Wanderungen führten ihn viel herum und seine Schriften machten ihn zu einer berühmten Persönlichkeit. Dass er in der Sage als Zauberer bezeichnet wird, verwundert nicht, da seine Heilkunde und seine astrologischen Schriften für viele etwas Geheimnisvolles hatten. Zauberpferde, die durch die Luft fliegen, sind auch in anderen Volkssagen zu finden. Ihre Herkunft stammt möglicherweise aus alten, germanischen Mythen. Das in der Sage erwähnte Multertor wurde später in Rößlitor umbenannt, angeblich mit Bezug auf diese Sage.*

Das Gespenst auf dem Friedhof

In Romanshorn wollten sich die Brüder nicht lange aufhalten, aber ein wenig mochte Louis den Arbeitern zusehen, die einen Hafen anlegten. Eduard war mit einem Bauern ins Gespräch gekommen, dem er ein paar Äpfel abgekauft hatte. Als er erzählt, dass sie auch noch nach Einbruch der Dunkelheit weiterreisen würden, wiegt der Bauer skeptisch den Kopf.

»Da soll er aufpassen«, sagt er, »besonders bei Friedhöfen ist es nicht gut, in der Dunkelheit vorbeizufahren.«

»Ich bin Pfarrer«, antwortet Eduard. »Ich kenne die nötigen Gebete, um unbeschadet vorüberzukommen.«

»Ja, ja, die übermütigen jungen Leute«, sagt der Bauer und zwinkert Eduard zu. »Einst zechten in Romanshorn vier junge Männer im Wirtshaus bis spät in die Nacht. Als sie endlich nach Hause aufbrechen wollten, wettete einer, dass er sich trauen würde, über den Friedhof nach Hause zu gehen. Keiner wollte mit, aber sie hielten bei der Wette dagegen. Der junge Knecht, der die Wette vorgeschlagen hatte, trennte sich von den andern und schlug den Weg nach dem Friedhof ein. Er hatte ihn noch nicht erreicht, da kam das Gespenst schon hinter ihm her. Ohne sich umzuschauen oder sich ängstlich zu zeigen, lief er am Friedhof vorbei. Als das Gespenst jedoch nach ihm greifen wollte, kehrte er sich schnell um und verprügelte es, sodass es rasch hinter der Mauer verschwand.«

Eduard muss lachen. »Ein Gespenst verprügeln, das ist einmal eine großartige Variante.« Wieder zwinkert der Bauer und erzählt weiter:

»Der Knecht ging unbeschadet nach Hause. Am nächsten Morgen sah er aber, dass sein Meister blaue Flecken und ein blaues Auge hatte. Jetzt wusste er, woran er war. Auf diesem Friedhof hat keiner mehr ein Gespenst gesehen.«

»Daran will ich denken«, sagt Eduard, klopft dem Bauer auf die Schulter und kehrt zu seinem Bruder zurück.

Nach Giger: Sagen, Schwänke und Legenden aus dem Thurgau ...

Friedhöfe hatten von jeher den Ruf, die dort Begrabenen nächtlich dann und wann freizugeben. Goethe hat dies in seiner Ballade »Totentanz« verarbeitet.

Der Türmer, der schaut zu Mitten der Nacht
Hinab auf die Gräber in Lage;
Der Mond, der hat alles ins Helle gebracht;
Der Kirchhof, er liegt wie am Tage.
Da regt sich ein Grab und ein anderes dann:
Sie kommen hervor, ein Weib da, ein Mann,
In weißen und schleppenden Hemden.

...

Die Gerippe legen ihre Hemden ab und beginnen zu tanzen. Der Türmer sieht den Gerippen beim Tanz zu, bis ihm langweilig wird. Er steigt von seinem Turm herunter, entwendet ein Leichenhemd und kehrt zurück auf seinen Turm. Als der Tanz vorbei ist, nehmen alle wieder ihre Hemden und verschwinden in ihren Gräbern. Nur eines findet sein Leichenhemd nicht mehr, entdeckt den Türmer oben auf dem Turm und beginnt, an diesem außen hinaufzuklettern. Da schlägt es eins, das Gerippe fällt herunter und zerschellt.

Diese Sage ist nicht so dramatisch wie Goethes Gedicht, geht aber genauso ironisch mit dem Thema um. Der Geselle verprügelt das Gespenst sogar und offenbart dadurch am nächsten Tag, wer das Gespenst war.

Ab 1832 legten Dampfschiffe in Romanshorn an, doch erst von 1840 bis 1844 wurde der Hafen gebaut, der dann zu einer starken Entwicklung des Städtchens führte.

Die Mäuse von Güttingen

Als Eduard und Louis Mörike von Uttwil nach Kreuzlingen weiterfuhren, konnten sie bei dem Örtchen Güttingen im See noch Mauerreste sehen. Einen Vorbeigehenden befragt erfuhren sie, dass dort ehemals die Wasserburg der Freiherren von Güttingen gestanden habe, die aber, so erzähle man seit alten Zeiten, wegen einer Mäuseplage aufgegeben werden musste. »Wegen einer Mäuseplage?«, fragte Eduard neugierig nach. Es seien unbarmherzige und mitleidlose Herren in der Burg gewesen, erzählte der Passant. Sie feierten ständig und gönnten sich jeden Luxus, während ihre Leute wegen der hereinbrechenden Teuerung kaum noch das tägliche Brot bekommen konnten. Da kamen alle Leute zusammen vor die Burg und flehten die Herren um Hilfe und Nahrung an. Doch diese lockten das Volk in eine Scheune und zündeten sie an. Hört wie die Mäuse pfeifen, höhnten sie, als die Schreie der Verbrennenden aus den Flammen klangen. Doch sie hatten nicht lange Freude an ihrer Mordtat. Bald darauf tauchten in allen Burgen der Freiherrn Mäuse in großer Zahl auf, sodass ihnen zuletzt nur noch die Wasserburg im See blieb. Aber auch dorthin folgten ihnen die Mäuse und fraßen zuletzt alle bei lebendigem Leibe auf. Die Wasserburg verfiel und versank im See.

Nach Bolt: Die Sagenwelt am Bodensee

Die Freiherren von Güttingen sind von 1159 bis 1357 belegt, der Mäuseturm im See ist nur durch Holz- und Steinreste erhalten. Zwei weitere Burgen besaßen die Freiherren noch rund um das Dorf. Aus ihren Reihen kamen Äbte für die Klöster in Einsiedeln und St. Gallen und einer wurde Bischof in Chur. In historischen Urkunden sind sie vor allem durch Schenkungen belegt. Ob die Sage auf historischen Tatsachen beruht, ist ebenso wenig belegt wie bei der ähnlichen Sage vom Bingener Mäuseturm im Rheinland.

Münsterlinger Aufenthalt

Hier müssen wir halten und das Kloster besichtigen«, sagt Eduard, als sie Münsterlingen erreicht haben. Louis hält die Pferde an und sagt. »Du und deine Klöster, können wir nicht einfach weiterfahren? Wir sind bald in Kreuzlingen und dann kommt auch schon Konstanz.« Doch Eduard bleibt dabei, wird aber enttäuscht. Nur noch wenige Nonnen findet er vor und ein Teil des Klosters wird bereits als Kantonsspital genutzt. »Wer weiß, wie lange wir uns noch halten können«, klagt eine Nonne. »Die Zeiten stehen für uns schlecht. Man hat uns zwar nicht säkularisiert, wie es jenseits des Sees den Klöstern ergangen ist, aber wir hatten Missernten und die Finanzen des Klosters stehen schlecht.«

»Ich habe gelesen, dass dies Kloster eine Gründung von Einsiedeln aus war«, gibt sich Eduard informiert. »Das stimmt nicht ganz«, korrigiert die Nonne. »Die Legende erzählt, dass im Jahre 986 die Schwester des Abts Gregor von Einsiedeln das Kloster gründete, nachdem sie bei der Überquerung des Sees in einen heftigen Föhnsturm geriet und dennoch gerettet wurde. Das Kloster wurde der heiligen Walburga geweiht und man unterwarf sich den Augustinerregeln. Später kamen dann allerdings Benediktinerinnen ins Kloster.«

»Die Schwester des Abts soll übrigens eine Königstochter aus England gewesen sein und Angela geheißen haben«, berichtet Eduard, nachdem sie das Kloster verlassen haben. Er hat es dort zurückgehalten, um nicht noch einmal von der Nonne korrigiert zu werden. »Monasteriolum soll der Ort zunächst genannt worden sein und erst später

Münsterlingen.« Louis interessiert das alles nicht. Während Eduard noch ein wenig am See spazieren geht, lässt er die Pferde Wasser trinken und begibt sich in ein Wirtshaus, um sich selbst etwas zu erfrischen. Als er wieder mit Eduard zusammentrifft und beide weiterfahren, weiß auch er etwas zu erzählen.

»Höre, Bruder, was ich in Erfahrung gebracht habe. Unweit von Münsterlingen liegt der Ort Schönenbaumgarten ....«

»Was für ein prächtiger Name«, unterbricht Eduard ihn.

»... und dort soll auf einem Hügel ehemals eine Burg gestanden haben. Zu sehen ist davon aber nichts mehr. Wie andernorts auch verprassten die Herren dort das, was ihre Hörigen erarbeiteten, schmähten die Kirche und versäumten ihre Feiertage. Doch einmal, als sie wiederum ein Kirchenfest über ihrer Zecherei versäumten, brach ein heftiges Gewitter aus, die Erde bebte und die Burg versank im Boden. Nur noch ein kleiner Sumpf ist heute dort zu finden. Ein Bauer soll vor Zeiten an diesen Sumpf gekommen sein und habe hinab in die Burg schauen können.«

»Sieh mal einer an«, sagt Eduard, »und was hat er gesehen?«

»Gesehen hat er die Zecher, wie sie auf glühenden Stühlen saßen und vor Schmerzen schrien. Die Uhr aber, die im Saale stand, zeigte immerfort die erste Stunde, an der das kirchliche Fest damals begann.«

»So, so, die Uhr«, sagt Eduard schmunzelnd und zieht seine Taschenuhr hervor. »Was für Uhren werden die Herren der Burg damals wohl benutzt haben?«

Nach Bolt: Die Sagenwelt am Bodensee

Das ursprüngliche Kloster Münsterlingen lag direkt am See. Aus Furcht vor den Schweden verließen die Benediktinerinnen das Kloster im Jahr 1633. Bauern benutzten es danach. Erst zu Beginn des 18. Jahrhunderts kamen wieder Nonnen in den Ort. Für sie wurde etwas höher und landeinwärts ein neues Konventsgebäude gebaut, dort wo es sich heute noch befindet ist. Im Jahr 1848 wurde es per Dekret aufgehoben. Bereits 1840 wurde ein Flügel als Kantonsspital genutzt. Durch mehrere Anbauten hat man es modernisiert – zuletzt 1998 – und nutzt es heute immer noch.

Uhren mit Räderwerk entstanden im 14. Jahrhundert. Eine erste öffentliche Schlaguhr wurde in Paris an einem Eckturm des Palais de la Cité angebracht. In schneller Folge ent-

standen dann weitere Uhren. Welche Uhr die Zecher aber im Höllenfeuer hatten, lässt sich heute schwer ermitteln. Dass sie bei der Hitze aber stehen blieb, verwundert nicht.

Der Knabe an der Christusnase

Die Brüder Mörike erreichen Kreuzlingen, halten sich nicht lange auf und fahren weiter bis Konstanz. Hätten sie ein wenig verweilt und sich dabei etwas erzählen lassen, wie sie es bisher taten, so hätten sie eine interessante Geschichte erfahren, die sich anno 1384 ereignet haben soll. Einige Knaben machten sich in den Konstanzer Stadtwald zum Holzlesen auf. Auf dem Rückweg machten sie in Bernrain bei Kreuzlingen Rast. Am Wegesrand stand ein schon stark verwitterter Bildstock. Ein vorwitziger Junge ging hin, fasste die Christusfigur an der Nase und spottete: »Lass dich schnäuzen, Jesus, so will ich dich um so lieber küssen.« Das bekam ihm nicht gut, denn sofort hing er an der Säule fest und ließ sich nicht mehr lösen. Die anderen rannten in die Stadt und berichteten davon. Erst als die Mutter, die eine gottesfürchtige Frau war, versprach, sieben Wallfahrten nach Einsiedeln zu machen, und um Gnade für den Sohn zu beten, löste sich der Fluch und der Knabe war wieder frei. Genützt hatte es nicht, denn der Junge benahm sich in der Folge so übel, dass ihm das Gericht wegen Gotteslästerei den Prozess machte, in aller Öffentlichkeit die Zunge herausschnitt und zeitlebens aus der Stadt Konstanz verbannte. An der Stelle aber, an der der Bildstock stand, ließ der Konstanzer Johannes Kränzlin eine Kapelle errichten, die später Ziel vieler Wallfahrer wurde.

Nach Barack: Zimmerische Chronik

Der Wallfahrtsort Bernrain, ehemals selbstständig, ist heute ein Stadtteil von Kreuzlingen. Die Kapelle wurde 1388 erbaut und liegt am Jakobsweg. Im Mittelalter und der frühen Neuzeit war es üblich, Gotteslästerern die Zunge abzuschneiden oder mit einem Pfriem zu durchstechen. Auch Lügnern und Meineidigen konnte diese Strafe drohen.

Blick vom Dom in Konstanz über die Insel Reichenau.

3.

Konstanz

Konstanz war schon in der Antike ein wichtiges Zentrum. Zunächst siedelten Kelten dort. Deren Oppidum zerstörten die Römer unter Kaiser Augustus. Erst in der Spätantike um 300 n. Chr. entstand das Kastell Constantia, vermutlich benannt nach dem Kaiser Flavius Valerius Constantinus, der zu jener Zeit erfolgreich gegen die Alamannen kämpfte. Etwas von dieser alten römischen Siedlung hat man inzwischen ausgegraben. Die Ostgoten übernahmen, mussten ein Jahrhundert später an die Franken abgeben. Der erste Bischof übte bereits im 6. Jahrhundert in Konstanz seine Macht aus. Im 12. Jahrhundert wurde Konstanz zur Reichsstadt. Von 1414 – 1418 fand dort ein Konzil statt, während dessen nicht nur ein Papst gewählt, sondern auch der Reformator Jan Hus hingerichtet wurde. Erst im 16. Jahrhundert setzte sich der Name Konstanz gegenüber vielen Variationen (u.a. Chostanze, Constantia, Costenz, Costinze) durch. Von 1548 – 1806 gehörte Konstanz zu Österreich. Die Schweden konnten im Dreißigjährigen Krieg die Kernstadt nicht einnehmen, von den französischen Revolutionstruppen wurde Konstanz jedoch mehrfach erobert. Ab 1806 gehörte Konstanz zu dem neu gegründeten Großherzogtum Baden. Im Zweiten Weltkrieg wurde Konstanz von Bombenangriffen verschont. Konstanz stand also im Laufe der Geschichte immer im Mittelpunkt. Dass die Sagen um diese Stadt zahlreich sind, verwundert deshalb nicht.

Sagen von der Gründung der Stadt Konstanz

Nach einem Syndicus Dr. Süpeth soll die Erbauung Konstanz‘ bereits von den Enkeln Noahs erfolgt sein, nicht lange nach der Sintflut. Die Alamannen hätten die Stadt Harudes, die Römer lange Zeit Valeria, später aber Vitodurum genannt, bis der römische Kaiser Flavius Constantius endlich im Jahr 297 n. Chr. den Namen Constantz oder Constantika gegeben habe. Kaiser Karl soll dann später den Grundstein zum Dom gelegt haben.

Nach Schnezler: Badisches Sagenbuch

Das nicht der biblische Noah für die Gründung von Konstanz verantwortlich zeichnen konnte, ist sicher jedem sofort verständlich. Aber der Rest deckt sich grob mit den Informationen, die diesem Kapitel vorangestellt wurden.

Wappen des Bistums Konstanz (Rotes Kreuz im weißen Feld).

Die Legende vom Tod des Pelagius

Der heilige Pelagius ist Patron der Diözese Konstanz. Der Legende nach wurde er um das Jahr 259 geboren. Seine Eltern waren von Adel und reich und lebten in der Stadt Laibach (Ljubljana im heutigen Slowenien). Sie hatten bereits den christlichen Glauben angenommen und übergaben ihren Sohn im Alter von sieben Jahren einem frommen Priester namens Uranius. Dieser unterrichtete ihn nicht nur in den weltlichen Wissenschaften, sondern erzog den Jungen auch zu großer Frömmigkeit und Gottesfurcht. Nach dem frühen Tod seiner Eltern wohnte Pelagius bei seinem Erzieher und wuchs in hoher Tugend heran. Er verteilte sein Erbe unter die Armen und entsagte der Welt.

Während der grausamen und blutigen Christenverfolgung unter Kaiser Numerian verließen Pelagius und Uranius ihr Vaterland und kamen nach langen Reisen an den Bodensee und erreichten einen Ort, an dem eine Festung stand, welche die Römer gegen die Einfälle der germanischen Stämme erbaut hatten. Später errichtete dort der Kaiser Constantin die Stadt Konstanz. Der damalige Statthalter Evilasius verfolgte aber auch hier die Christen grausam, ließ sie ergreifen und besonders den jungen Pelagius auf das grausamste foltern, um ihn zur Verleugnung seines Glaubens zu bringen. Er befahl, ihn mit Ruten zu peitschen, ihn aufzuhängen, mit eisernen Haken sein Fleisch auszureißen und siedendes Öl in seine Wunden zu gießen. Als der Jüngling allen diesen Martern widerstand, ließ der Wüterich, vor Zorn außer sich, glühende Kohlen, Glas und irdene Scherben auf den Boden streuen und den Jüngling darauf hin- und herwälzen. Allein Pelagius spottete dem Tyrannen: »Diese Martern erquicken mich gleichsam wie liebliche Rosen und sind mir weit mehr zur Freude als zur Qual und zum Schmerz.« Hierüber war Evilasius noch mehr erbittert und ließ Pelagius außerhalb der Stadt, nach einer alten Überlieferung auf der sogenannten Dominikaner-Insel am 28. August des Jahres 284 enthaupten. Uranius bestattete zusammen mit einigen Christen seinen Leichnam. Seine Gebeine kamen später nach Rom und von dort durch den Bischof Salomon III. (918) wieder nach Konstanz, wo ihn die Diözese bis zu ihrer Auflösung mit jährlicher Feier als ihren Schutzheiligen verehrte.

Nach Rolfus: Klänge aus der Vorzeit, Band 1

Vermutlich hat der heilige Pelagius außer in Legenden niemals existiert, jedenfalls gibt es keine sicheren Quellen. Erstmals taucht der Name im 5. Jahrhundert in Istrien (Halbinsel im Golf von Triest) auf. Von dort gelangte er im 9. Jahrhundert in den Bodenseeraum. Belege für die Verehrung dieses Heiligen findet man in den Klöstern Reichenau und St. Gallen. Eine Reliquie des Heiligen wurde nach einer Überlieferung im Jahr 904 vom Konstanzer Bischof Salomo III. von einer Pilgerreise aus Rom mitgebracht. Doch auch dies ist nicht gesichert. Jedenfalls erhielt der Bischofssitz in Konstanz durch diese Reliquie einen Hausheiligen, der auch Ziel von Pilgern wurde. Bis ins 18. Jahrhundert hielt diese Verehrung an, die Reliquie ging allerdings schon um 1530 im Bildersturm der Reformationszeit verloren. Die in der Legende aufgeführten Fakten sind nicht stichhaltig. Unter Kaiser Numerian sind keine Christenverfolgungen bekannt. Die Umstände seines Lebens – reich geboren, freiwillig und gottergeben in die Armut gegangen – erinnern stark an die Geschichten von Buddha und dem Heiligen Franziskus von Assisi.

Der Mann, der sein Haus verkaufen wollte

Im Jahre 1293 soll sich folgende merkwürdige Begebenheit in Konstanz zugetragen haben: Heinrich am Grieß, ein Bürger aus gutem Geschlecht, beschloss, sein Haus am oberen Markt nicht mehr zu verlassen. Der Grund war, seine Frau, der er das Haus einmal überschrieben hatte, wollte ihm nicht erlauben, das Haus zu verkaufen. Zwei Jahre lang verließ er es nun nicht mehr. Brachte man ihm Essen, war er zufrieden, brachte man ihm keines, irrte er hungrig und verwirrt im Haus umher. Als ihm seine Frau endlich erlaubte, das Haus zu verkaufen, gab er es für 30 Silbermark fort und brachte diese Summe in den folgenden zwei Jahren durch. Danach ging er herum und bettelte.

Nach Schnezler: Badisches Sagenbuch

Diese merkwürdige Begebenheit soll aus einer handschriftlichen Constanzer Chronik stammen und wurde von Julius Leichtlin im Freiburger Wochenblatt im Jahr 1825 veröffentlicht, woraus es August Schnezler für sein badisches Sagenbuch entnommen hat.

Ein merkwürdiger Zweikampf als Gottesurteil

Im Jahr 1432 fand ein merkwürdiger Kampf zwischen zwei Konstanzer Männern, Hans Roth und Hans Riehm, statt. Letzterer war von dem Ersteren als gefährlicher Zauberer, Wettermacher und Giftmischer bezeichnet worden. Riehm soll auch den Schwager vergiftet haben, behauptete Roth. Auf Anraten des Konstanzer Landvogts Graf Bruno Tettighofen verklagte Riehm den Hans Roth. Beide wurden vom Konstanzer Landgericht vorübergehend in Verwahrung genommen und die Verhandlung für den letzten Julitag bestimmt. Ein Gottesurteil sollte durch einen Zweikampf erwirkt werden. Straßenausrufer teilten in der ganzen Stadt mit, dass weder Frauen noch Kinder unter zwölf Jahren, aber auch Geistliche und Bewaffnete nicht auf dem Kampfplatz zuschauen dürften.

Auf freiem Felde wurde ein mit Sägemehl aufgeschütteter Kreis gebildet und um diesen eine 120 Schritte weite und breite Schranke mit Sitzen errichtet. Dort nahmen der Landgraf, der Landrichter und die Urteilssprecher Platz. Außerhalb dieser Schranke konnten sich Zuschauer aufhalten, von denen angeblich 20.000 herbeigekommen waren. Beiden Gegnern wurden von einem Schneider, der vorher unter Eid gelobt hatte, nichts Nachteiliges in seiner Arbeit anzubringen, in einen gleich grauen, einem jeden durch das Los zugeteilten Rock gekleidet. Ihnen wurde das Haar kurz geschoren und jedem ein, ebenfalls von vereidigten Meistern geschmiedeter, hoher, bis über den Kopf reichendes Schild und ein gleiches Schwert übergeben. Unter Begleitung von Bewaffneten wurden beide auf den Kampfplatz geführt. Jeder erhielt einen Sekundanten: Hans Roth den sogenannten Trommer von Tugen und Hans Riem den Molle Truchseß von Dießenhofen. Dann ließ der Erste Ratsherr und Landrichter zu Konstanz, Junker Ulrich Schilter, durch die Stadtknechte ausrufen, dass niemand bei Lebensstrafe ein Wort bis zum Ende des Kampfes reden oder ein anderes Geräusch machen und schon gar nicht die Schranken überschreiten dürfe.

In die Stille, die nun herrschte, rief Ulrich Schilter: »Wohlauf in Gottes Namen! Zum ersten, zum anderen, zum dritten Mal! Beginnet euren Kampf!« Daraufhin gingen beide Kämpfer aufeinander los, stachen, schlugen, hieben und trieben einander eine gute Weile im Kreis herum, bis endlich der Riem den Roth oberhalb des Schildes mit dem Schwert in die ein wenig entblößte Achsel traf und demselben so in den Arm hieb, dass dieser kaum noch an der unteren Haut hing. Riem trat sogleich nach diesem Hieb einige Schritte zurück, strauchelte aber und fiel auf den Rücken. Roth stürzte trotz seiner schweren Wunde auf ihn zu und warf sich auf seinen Leib, um ihn zu erstechen. Allein die Kräfte waren ihm durch den großen Blutverlust geschwunden, sodass es Riem gelang, ihm das Schwert aus der Hand zu winden und es ihm unter der linken Achsel in die Brust zu stoßen, sich wieder aufzuraffen und auf den bewusstlosen Roth zu knien. Er rief, Roths Ohnmacht nicht bemerkend: »Ergibst du dich und willst du jetzt bekennen, dass ich unschuldig bin?« – Roth aber gab keine Antwort mehr, worauf Riem ihm in blinder Wut die Klinge durch das Herz bohrte. Dann kniete er nieder und dankte Gott für den Sieg. Seine Unschuld wurde nun öffentlich anerkannt, die blutige Leiche Roths auf derselben Stelle beerdigt.

Nicht lange danach gebar eine Frau in der Vorstadt Paradies ein Kind, das nur einen Arm hatte. Es kam heraus, dass sie während ihrer Schwangerschaft heimlich vom Göltlinger Tor aus dem Zweikampf zugeschaut hatte.

Nach Schnezler: Badisches Sagenbuch

Diese merkwürdige Geschichte wurde von dem Konstanzer Syndicus J.F. Speth in seiner »Dreibogigen Constanzischen Ehrenporte« im Jahr 1733 veröffentlicht. Die in der Geschichte genannten Namen – einschließlich des Landgrafen – ließen sich nicht feststellen. Gottesurteile wurden im Altertum und Mittelalter als gängige Methode zur Wahrheitsfindung in einem Rechtsstreit eingesetzt. Sie waren weit verbreitet, galten aber immer nur als letzter Ausweg, wenn keine andere Möglichkeit bestand, die Wahrheit zu ermitteln. Umstritten waren sie dennoch und wurden von den Päpsten ab dem 10. Jahrhundert bekämpft. Auf dem IV. Laterankonzil im Jahr 1215 wurde die Beteiligung an solchen Gottesurteilen für christliche Geistliche untersagt. Im 12. und 13. Jahrhundert wurden im Zuge der sich durchsetzenden weltlichen Gesetzgebung die Gottesurteile verdrängt. Trotzdem gab es sie hin und wieder noch und sie erlebten in der frühen Neuzeit während der Hexenverfolgung eine neue Blüte.

Der heilige Konrad und die Giftspinne

Der heilige Konrad, Bischof von Konstanz, wird als Stadtpatron in Konstanz verehrt. Von ihm berichtet ein Chronist: »Dass Bischof Cunradt nit hab fasten können, dass ihm sehr leid gewesen sei.« An einem Fasttag fuhr der Bischof einst mit einigen Fischern hinaus, um sich zu zerstreuen und nicht in Versuchung zu kommen, wenn er andere essen sehe. Doch bald plagte ihn der Hunger so entsetzlich, dass er plötzlich aus dem Schiff aufs Wasser trat und geraden Wegs der sogenannten Fischbrücke zueilte. Trockenen Fußes schritt er über das Wasser weg, als ob er über festen Boden ginge.

Viele Wunder soll der heilige Mann bewirkt haben, aber von allen ragt deutlich jenes hervor, bei dem er ein giftiges Wesen ohne Schaden genoss.

Zu Ostern, als der Bischof die Worte der heiligen Wandlung gesprochen hatte, fiel ihm eine abscheuliche Giftspinne in das heilige Blut. Obwohl der Genuss eines solchen Tieres damals für todbringend galt, trank er voll Gottvertrauen den Kelch in tiefer Ehrfurcht aus.

Beim Mittagsmahl stützte er sein Haupt mit der Hand und zeigte keine Lust, zuzugreifen. Man fragte besorgt, ob er krank sei. Doch Konrad antwortete, man möge sich keine Sorgen machen, er erwarte noch einen Gast. Als bald darauf die Spinne munter aus des Bischofs Mund hervorkroch, und er dann den Vorfall berichtete, war das Erstaunen groß und es herrschte hohe Freude über diese wunderbare Rettung.

Nach Waibel: Badisches Sagenbuch

*Konrad von Altdorf (*um 900, †975) war Bischof in Konstanz von 934–975. Er war auch Abt im Kloster Rheinau. Weite Reisen führten ihn nach Rom und Jerusalem. Er ist verantwortlich für mehrere Kirchengründungen und Kirchenerneuerungen der Stadt. Gute Beziehungen hatte er zu König Otto I. Heiliggesprochen wurde er im Jahre 1123. Seine Gebeine, die in der Domkirche lagen, wurden in einen Schrein umgebettet und waren Ziel der folgenden Heiligenverehrung. Während der Reformation wurden diese Reliquien jedoch vernichtet. Das Hochgrab Konrads befindet sich in der Konradikapelle im Konstanzer Münster.*

Der sogenannte Konziliumssaal in Konstanz.

Das Konzil zu Konstanz

Einst, so wird von manchen behauptet, sei Konstanz eine große, unermesslich reiche Stadt gewesen, doch nach dem Konzil sei das stark zurückgegangen. Vier Jahre dauerte das Konzil und einiges Wundersame passierte während dieser Zeit. So tauchte während der Kirchenversammlung im Münster eine große Eule auf, die nur mit Mühe getötet werden konnte. Manche wollten den Heiligen Geist in diesem Vogel erkannt haben.

Vögel spielten auch bei der Papstwahl eine unheimliche Rolle. Ein Chronist berichtet, dass sich in der Nacht, bevor die Fürsten und Kardinäle zur Wahl des Papstes zum Konziliumssaal gingen, dieses mit großer Zahl von Raben, Krähen, Dohlen und Elstern besetzt wurde. Das Dach war voll von diesen Vögeln. Doch als anderntags alle im Haus waren zur Wahl, da ward keiner dieser Vögel mehr gesehen. Aber gegen Mittag zog ein Nebel herauf über dem See und der Stadt. Als schließlich der Papst Martin gewählt war, da kamen Scharen kleiner Vögel – Meisen, Zeisige, Buchfinken, Rotkehlchen,

Distelfinken und andere –, immer eine Schar nach der anderen, und besetzten das Dach erneut.

Bereits zwei Jahre zuvor hatte man den Ketzer Johannes Hus gerichtet, nachdem er sich geweigert hatte, seine Irrtümer zu widerrufen. Man übergab ihn dem Flammentod, den er sehr gefasst und in der Überzeugung, nur das Rechte gewollt zu haben, in Kauf nahm. Er soll noch geäußert haben, dass man heute eine Gans brate – Hus soll auf böhmisch Gans bedeuten –, in hundert Jahren aber ein Schwan komme, der nicht getötet werden kann. Später haben viele das als einen Hinweis auf Martin Luther gedeutet. Man erzählt sich, dass ein Bauer, der einen Hass auf Hus hatte, zur Hinrichtung einen Scheit Holz mitbrachte, um seinen Teil zur Verbrennung des Ketzers beizutragen. Jener Konstanzer Syndikus Dr. Speth berichtete über die Verbrennung des Hus folgendermaßen: »Als aber aller Zuspruch, seine Missetaten zu bereuen, zu beichten, und von der unsinnig ersunnenen Ketzerei abzustehen, bei dem verstockten Bösewicht widerumb fruchtlos ablief, da ergriff ihn der Stadt-Constantzische Scharfrichter auf Befehl deß Reichs- oder Stadt-Vogts, und band denselben mit nassen Sailen an einen Pfahl, umb welchen Stroh und Holtz gelegt, zumahlen in diesen Scheiterhauffen Pech geschüttet, und das Feuer angeflambt, mithin innerhalb etlicher Minuten der elende Ketzer zu Aschen verbrennt, sodann diese in den Rhein geworfen, und an dem Ort dieses verbrennten Hussens ein dem Cardinal Ludwig Pancratio gehörig gewesenes verrecktes altes Maulthier gleich darauf unter abscheulichem, bei Eröffnung der warmen Erden verspührten Gestanck eingescharret wurde; Welches also das End und der Lohn war, so diesem höffärtig-heillos und hartnöckigem Hans Huß Anno 1415 den 7. Juli umb 11 Uhr zu teil worden ist.«

Nach Waibel: Badisches Sagenbuch und Schnezler: Badisches Sagen-Buch

Das Konstanzer Konzil fand von 1414 bis 1418 statt. Neben der Papstwahl – die das abendländische Schisma durch Absetzung der Gegenpäpste beendete – und der Verbrennung des Jan Hus wurde auch dem Burggrafen von Nürnberg durch König Sigismund die Mark Brandenburg als Lehen verliehen, was die Hohenzollern zu einer der bedeutendsten Dynastien der deutschen Geschichte machte, die seit 1701 die preußischen Könige und von 1871 bis zum Ende des Deutschen Kaiserreichs im Jahr 1918 die Deutschen Kaiser stellte.

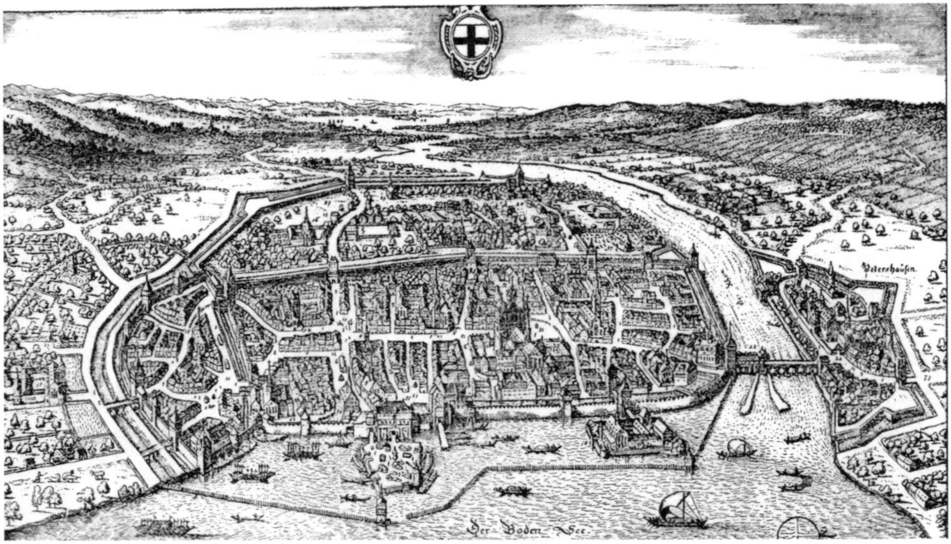

Die Stadt Konstanz im 16. Jahrhundert (nach Merian)

Die im Hafen von Konstanz unübersehbare Statue der Imperia soll satirisch an das Konzil von Konstanz erinnern. Die üppige Kurtisane trägt in ihren Händen zwergenhafte Gestalten, die weltliche und geistliche Macht – König und Papst – repräsentieren könnten. Der Künstler sieht in ihnen aber eher Gaukler, die sich die Insignien der Macht widerrechtlich angeeignet haben.

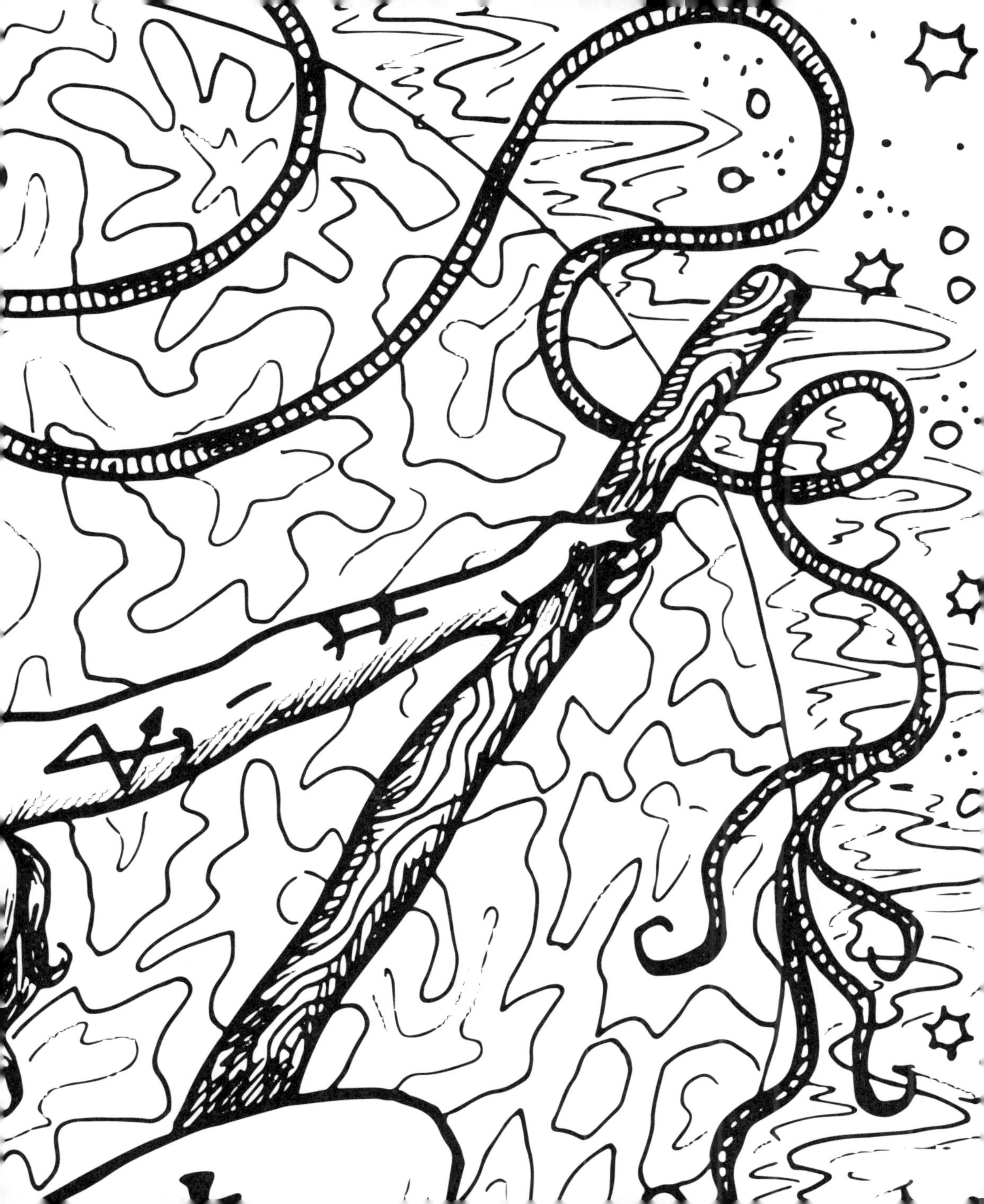

Blick vom Arenenberg bei Ermattingen auf den Untersee.

4.
Sagen vom Untersee

Der Untersee besteht aus drei ineinander übergehende Seeteile: den Gnadensee zwischen der Insel Reichenau und dem Nordufer sowie in der Verlängerung dem Markelfinger Winkel, den Zellersee im Westen – beide Seen liegen in Deutschland –, und dem Rheinsee im Süden, den sich Deutschland und die Schweiz teilen.

Das Schweizer Ufer

Das Schweizer Ufer des Rheinsees reicht von Tägerwilen bis Stein am Rhein, wo der Rhein den Bodensee verlässt. Zwischen Konstanz und Gottlieben liegt der sogenannte Seerhein, der Zufluss vom Obersee in den Untersee. Die Grenze zwischen der Schweiz und Deutschland liegt in der Mitte des Seerheins.

Schloss Gottlieben

Direkt am Seerhein, der von Konstanz aus in den Untersee fließt, liegt das alte Schloss Gottlieben. Lieblich erscheinen das Schloss und die Gegend, wenn die weißen Mittagswolken am Horizont stehen und die Sonne warm vom blauen Himmel über den schnellfließenden Rheinstrom strahlt. Wenn aber der Abend kommt und die Türme des Schlosses breite, lange Schatten über den Fluss werfen, und wenn in der dunklen Nacht der Mond hinter den Wolken hervor seinen fahlen Schein über die rauschenden Rheinwogen wirft und die Türme sich schwarz vom Himmel abheben, dann regt sich schaudernd bei vielen die Erinnerung an die Unglücklichen, welche der Sage nach im Schloss einen furchtbaren Tod erlitten haben.

Es heißt, dass schwere Verbrecher, auch Geistliche, die ihren Stand vergaßen, im Schloss an ein schön gemaltes Jungfernbild herantreten mussten. Sie wurden aufgefordert, dieses Bild zu küssen. Stand der dem Tod Geweihte vor dem Bild, so öffnete sich eine Falltür, um ihn in die Tiefe stürzen zu lassen, wo er, durch scharfe Schwerter und Dolche stürzend, zerschnitten unten ankam und vom Wasser weggespült wurde. Im Volksmund ist der Spruch bekannt: »Es ist nit allweg gut, die Jungfer zu küssen!«

Aus diesem Schloss, in dem auch der Hus vor seiner Hinrichtung in Konstanz gefangen gehalten wurde, sollen zweimal im Jahr gegen Mitternacht sich die Tore öffnen und unter Waffen- und Kettenklirren und Geschrei und Gejammer ein Zug hin zum Trägermoos gehen. Zu sehen sei aber nichts. Erst wenn der Spuk endlich hält, sollen zwei Krieger mit brennenden Lichtern auf dem Kopf zu sehen sein, wonach aber alles mit einem Zischen verschwindet.

Unweit von Schloss Gottlieben lag auf einer schmalen Landzunge, die sich in den Untersee hinausstreckte, die einsame Hütte eines Fischers, der zwar arm, aber doch im Besitz einer Perle war, um deren Schönheit ihn viele reiche Junker beneideten. Dies Kleinod war sein einziges Töchterlein Unna. Die Leute in der Gegend munkelten aber, dieses Mädchen, welches sich durch ihren Liebreiz und einen gewissen Adel in ihrer ganzen Erscheinung vor allen anderen Jungfrauen ihres Standes auszeichnete, sei nicht seine rechte Tochter, sondern das natürliche Kind einer vornehmen Dame. Diese habe, nachdem sie das Mädchen nebst einer bedeutenden Summe Geldes unter dem Siegel der tiefsten Verschwiegenheit dem Fischer zur Erziehung übergeben, sich als strenge Büßerin in ein Kloster zurückgezogen, wo sie jedoch kurze Zeit später gestorben sei.

Der Sohn des bischöflichen Vogtes, der zum Eintritt in ein Kloster bestimmt war und welcher auf Schloss Gottlieben wohnte, unternahm öfter am Strande des Sees einsame Spaziergänge. Einmal führte den in düsterem Hinbrüten über seine freudlose Zukunft versunkenen Jüngling sein Gang zufällig zu der Fischerhütte. Gerade an jenem Abend saß die holde Unna auf der Bank vor der Tür und besserte die Netze ihres Vaters, die ein schwerer Fischzug zerrissen hatte, mit ihren feinen weißen Händchen aus.

Sie dort sehen und in glühender, aber reiner Liebe zu der Jungfrau entbrennen, das geschah in einem Augenblick. Sie galt ihm sofort als Verkünderin eines anderen Himmels als den, dem er im Kloster entgegenreifen sollte. Die erste Bekanntschaft war, schon gelegentlich der Netze, bald angesponnen. Bereits einige Abende darauf, von welchen Erwin von Salenstein, so hieß der junge Mann, keinen versäumte, bei der Fischerhütte vorbeizuschauen, war auch Unnas Herz auf das Innigste mit dem seinigen verwoben. Erwin schwur, eher alles andere, denn ein Klosterbruder zu werden. Er versprach, die geliebte Unna so bald als möglich als seine Gattin heimzuführen.

Eines Abends, als er eben wieder hinausgehen wollte zu dem Ankerplatze seiner Liebe, ließ ihn sein Vater, der alte Vogt Jost von Salenstein, zu sich rufen. »Unglücklicher!«, sprach er mit finsterer Miene zu dem bestürzten Jüngling. Dem hatte seine Bestimmung zum Mönch schon früh eine gewisse Schüchternheit eingeprägt, von der er sich nicht mehr ganz zu befreien vermochte. »Unglücklicher, was muss ich vernehmen? Statt dein Herz zu deiner großen Berufung vorzubereiten, ließest du es von den Netzen einer jungen Dirne umstricken. Still! Kein Wort zur Entschuldigung! Der alte

Schloss Gottlieben

Fischer hat mir, Gott sei gedankt, noch nicht zu spät, um einem entsetzlichen Verbrechen vorzubeugen, alles entdeckt. Ja, auch dein Gelöbnis, dich heimlich mit seiner Tochter zu vermählen. So wisse denn, welchem Abgrunde des Verderbens deine Seele nahe war: Unna ist deine leibliche Schwester, das Kind meiner Jugendverwirrung mit der Freyin von Wolfsberg.«

Im tiefsten Mark erschüttert, taumelte Erwin der Türe zu. »Wohin, Unbesonnener?«, rief ihm der Vater ängstlich nach. »Auf ewig von der Schwester Abschied nehmen,« antwortet der Jüngling mit tonloser Stimme und stürzte hinaus und ließ sich von niemandem aufhalten.

Als der letzte Scheidekuss der Sonne auf dem See glühte, brannte auch Erwins von allem Irdischen geläuterter Flammenkuss auf Unnas Lippen. Bruder und Schwester hatten keine Worte mehr. Sie hielten sich lautlos fest umschlungen. Plötzlich wallte der See mit dumpfem Schäumen empor; mit donnerndem Getöse begann das Ufer zu beben, es wankte, und mit furchtbarem Krachen versanken die Erdzunge, Hütte und das unglückliche Paar in das gähnende Wogengrab.

Es geht die Sage, die Fische hätten allmählich den lockeren Grund jener Erdzunge unterhöhlt und so deren Einsturz vorbereitet, den ein Erdbeben vollends ausgeführt.

Nach Waibel: Badisches Sagenbuch; Giger: Sagen, Schwänke und Legenden aus dem Thurgau; und Schnezler: Badisches Sagenbuch

Schloss Gottlieben wurde im Jahre 1251 vom Konstanzer Bischof Eberhard II. von Waldburg erbaut. Es bildete mit den Ecktürmen, Palastbau und Wehrgang eine mächtige Wasserburg. Neben Hus wurden während des Konzils Hieronymus von Prag und der abgesetzte Papst Johannes XXIII. dort gefangen gehalten. Fast 300 Jahre lang war Schloss Gottlieben Sitz des bischöflichen Obervogtes. Später kaufte es Napoléon III, bewohnte es aber nur kurz. Anfang des 20. Jahrhunderts erwarb es der deutsche Diplomat Wilhelm Muehlon, 1950 kaufte es die Schweizer Opernsängerin Lisa della Casa. Die beschriebene furchtbare Todesfalle lässt sich nicht nachweisen, aber ähnliche Sagen sind auch aus anderen Gegenden bekannt.

Der schwarze Hund von Ermatingen

Zwischen Ermatingen und Triboltingen am Untersee standen einstmals an der Hauptstraße zwei große, prachtvolle Nussbäume, weshalb der Platz den Namen »Die hohen Nußbäume« bekam. Dort lagerten einst ständig fahrendes Volk und Kesselflicker, sodass der Platz nachts immer mehr gemieden und schließlich gar mit einem geheimnisvollen Nymbus umwoben wurde. Die Sage verstärkte die Angst vor dem Platz, denn nach ihr begegnet derjenige, der um Mitternacht den Weg geht, einem schwarzen hechelnden Hund. Er wird als Wächter der »hohen Nussbäume« angesehen und passt übrigens ganz in den Rahmen des Ermatinger Gemeindewappens, das einen schwarzen, züngelnden Hund aufweist.

Nach Bolt: Die Sagenwelt am Bodensee

Diese Geschichte zeigt sehr schön, wie solche Sagen entstehen: Ein Platz kommt in Verruf, weil oft fahrendes Volk dort lagert – Fremden gegenüber war man generell misstrauisch. Wenn auch nichts vorfällt, so bleibt es doch eine gegen die Gewohnheiten stehende Angelegenheit und da kann dann auch plötzlich mal ein hechelnder Hund auftauchen, wenn man ihn denn schon im Wappen hat. Erstmals wird der Ort (Erfmotingas) in einer Urkunde aus dem Jahr 724 erwähnt. Karl Martell dokumentierte damit die Schenkung an das Kloster Reichenau. 1499 im Schwabenkrieg wurde das Dorf größtenteils zerstört. 1660 erhielt der Ort das Marktrecht, die endgültige Lösung von Konstanz erfolgte jedoch erst 1839.

Schloss Sandegg

Bereits im 8. Jahrhundert soll auf Schloss Sandegg der fränkische Landvogt Sintlaz gewohnt haben. Dieser war ein Abgesandter des fränkischen Hausmeiers Karl Martell. In seinem Auftrag erschloss der Priester Pirminius die Reichenau – die damals noch die Sintlaz-Au hieß – und gründete dort ein Kloster.

Nach Waibel: Badisches Sagenbuch

Ausführlich habe ich die Sage um die Gründung des Klosters Reichenau von Schloss Sandegg aus in meinem Buch »Sagen & Legenden aus Baden« beschrieben (S. 14 ff.). Das Schloss nahe der Gemeinde Salenstein ist urkundlich erst seit Mitte des 13. Jahrhunderts nachgewiesen. 1833 brannte das Schloss bei einem Renovierungsversuch vollständig nieder und wurde nicht mehr aufgebaut. Reste der Ruine sind noch zu sehen, dürfen aber nicht betreten werden. Zu Salenstein gehören noch fünf weitere Schlösser: Arenenberg, Eugensberg, Salenstein, Louisenberg und Hubberg.

Der Schatz auf Burg Stein am Rhein

Hören Sie gut zu. Auf der alten Burg bei Stein am Rhein liegt auch eine Menge Geld, welches gut zu bekommen sein soll. Drüben gegen Eschenz hinaus wissen selbst die Schulkinder gewiss, dass vor Zeiten allemal oder öfters Geld gefunden wurde. Auch soll manchmal ein wildes Schwein aus diesem Loch des Burgberges herausspringen. Und ja, lachen sie nicht, es gibt noch manche, welche es sich nicht nehmen lassen zu behaupten, dass es an diesem Ort nicht geheuer sei. Vor langer Zeit sollen die Hüte-Buben, welche an diesem Ort ihr Vieh weideten, solche eigenartigen Begebenheiten erlebt haben, welche man noch von alten Leuten hier, wenn man es hören will, erzählt bekommen kann. Sie wollen es hören? Also gut.

Als die Hütebuben spät in der Nacht an diesem Ort weilten, so war einer unter ihnen, der sehr couragiert war. Der sprach: Ich will auch einmal etwas wagen und sehen, was in diesem dunklen, tiefen Loch sich befindet. Kameraden, gebt mir eure Halfter und Stricke. Dann holt mir einen Kübel. Ich will ein Licht mitnehmen, damit ich alles sehen kann, was mir in diesem unheimlichen Loch begegnet. Alle lobten seinen Mut, und die Stricke waren geschwind zusammengebunden. So ließen sie ihn in das Loch hinunter, während er mit dem Licht in dem Kübel saß. Als er nach einer Weile an dem Strick zog, so holten seine Kameraden ihn wieder herauf, wo er seine Erlebnisse berichtet haben soll:

Ich bin, wie ihr wisset, sagte er, in diesem Loch gewesen, und ich habe Folgendes gesehen. Als ich fünf bis sechs Klafter hinuntergekommen ward, da bin ich zu einem großen, weiten Gewölbe gelangt. Von diesem ging noch ein anderer Kanal ab zu einer zweiten Halle. Darin habe ich ein grausames Gesicht gesehen. Ein dicker, großer Mann saß an einem Tisch. Er hatte eine goldene Kette um den Hals hängen. Unter dem Tisch lag ein großer, schwarzer, haariger Hund, der mich unheimlich anschaute.

Dieses alles soll der Dienstbub gesehen haben. Alte Leute erzählen es noch heute, als wären sie dabei gewesen. Die meisten halten dieses für ein leeres Geschwätz oder wenigstens für eine Kinderei und glauben es nicht. Und doch wollen viele wissen, dass das Loch vor wenigen Jahren noch offen gewesen ist. Narrische Leute warfen Steine in das Loch, sodass man hat hören können, wie die Steine bis weit in die Erde hinunter

ein großes Getöse verursacht haben. Daraus glauben eben manche, dass man noch ersehen könne, dass an diesem Ort unter der Erde noch weitere verborgene Gänge und Zimmer liegen müssen. Doch je länger, je mehr Grund und Erde aufgefüllt wird, desto eher sind zuletzt alle Merkmale von solchen Dingen verschwunden.
Glaubt es oder glaubt es nicht. Ich habe nur berichtet, was man sich erzählt, ohne etwas hinzuzufügen oder wegzulassen. Danke für die milde Gabe, und denken sie an den alten Heinrich vom Hüttenberg, wenn Sie den Schatz gefunden haben. Vielleicht mögen sie ihm dann auch einen kleinen Anteil lassen.

Nach Bächtold: Sagen vom Untersee und aus dem Hegau

Stein am Rhein liegt sozusagen am Ende des Bodensees, genau dort, wo der Rhein aus dem Bodensee endgültig heraustritt. Oberhalb der Stadt liegt Burg Hohenklingen. Dies wird die in der Sage genannte Burg sein, obwohl es mit den geographischen Angaben nicht ganz passt. Eschenz liegt auf der anderen Rheinseite. Die Sage ist eine eher untypische Schatzsage, weil zwar davon berichtet wird, dass man dort reich werden kann, aber außer ein bisschen Geld sollen zumindest die Schulkinder nichts gefunden haben.

Die Höri

Zwischen Stein am Rhein und Radolfzell zieht sich die Halbinsel Höri hin und umfasst das nördliche Ufer des Untersees sowie das südliche Ufer des Zeller Sees. Der Name deutet an, dass es sich um einen Besitz des Bistums Konstanz handelte, dem ‚Bischofshöri'. Der Volksmund allerdings kennt eine andere Herkunft des Berichts, wie eine alte Legende erzählt. Die Höri war auch bei Künstlern beliebt. Hermann Hesse lebte von 1904 bis 1912 in Gaienhofen. Während der Zeit des Nationalsozialismus zogen sich viele Künstler dorthin zurück und nach dem Krieg nahm die Zahl sogar noch zu, sodass sich der Begriff »Höri-Künstler« etablierte. Otto Dix und Erich Heckel sollen stellvertretend für viele andere genannt sein.

Jetzt hör i uff

Als Gott am Ende des sechsten Schöpfungstages mit der Erde fertig gewesen sei, habe er die Lehmreste an den Fingern mit den Worten »Jetzt hör i uff« in den Bodensee geschleudert. Daraus sei die Höri entstanden. Von Leuten, die mit der Höri wohl nicht gut standen, wird hingegen gesagt, dass Gott in früher Zeit, als die Höri noch den Konstanzer Bischöfen Abgaben zu leisten hatte, auf Erden wandelte und mit Eseln handelte. Als er auf die Höri kam, fand er dort dermaßen viele Esel vor, dass ihm die Lust an diesem Geschäft verging und er mit den Worten »Jetzt hör i uff« die Erde verließ.

Nach Giger: Sagen, Schwänke und Legenden aus dem Thurgau und der Nachbarschaft

Über den ‚Wahrheitsgehalt' solcher Legenden lässt sich streiten, aber allein die Andeutung, dass Gott Dialekt gesprochen haben soll, macht doch nachdenklich.

Wie etliche Männer aus Öhningen um Mitternacht auf Schatzsuche gingen

Einige hatten von den Kreuzstraßen gehört, auf denen man sich zu Mitternacht aufhalten müsse, um zu Reichtum und Vermögen zu kommen. Nachdem dies ausführlich und immer wieder und vor allem in der Gaststätte besprochen worden war, machten sich einige Männer des Nachts auf den Weg. Bekannt war, dass kein Wort geredet werden dürfe, sonst sei alles umsonst – und alle versprachen, diese Regel unbedingt einhalten zu wollen. Am Kreuzweg angekommen und nach Ableistung der vorgeschriebenen Segenssprüche schwiegen alle und warteten der Dinge, die da kommen sollten. Es kam kurz darauf eine Kutsche angerast und es sah nicht so aus, als würde sie anhalten, sondern über die Männer auf der Kreuzung hinwegfahren. Vier Männer hielten es nicht aus und sprangen zur Seite, zwei blieben stehen und es geschah ihnen nichts. Dann kam eine Horde Kürassiere, also Lanzenreiter, auf sie zugerast und nun hielten auch die beiden Unerschrockenen es nicht mehr aus und sprangen zur Seite. Alle kehrten ohne einen Gewinn wieder nach Hause zurück.

Einer von ihnen war der Musikant Gebhart Glaser und dieser war es auch, der diese Geschichte zur Niederschrift erzählt hat. Dies zeigt, dass solche Unternehmungen nutzlos sind. Zudem, so berichtet die Chronik, dass der Gebhart Glaser einen »Krepschaden« am Maul erhalten hatte und daran gestorben sei. Auch sein Sohn Vincenz Welti, der zwar ein vortrefflicher Musicus, aber auch ein meineidiger Mann gewesen sein soll, habe sich schließlich an einer Kammertür erhängt.

Nach Bächtold: Sagen vom Untersee und aus dem Hegau

Schatzsuchen in Sagen sind immer an Regeln gebunden, etwa dass man nicht sprechen dürfe, sonst würde selbst ein bereits gewonnener Schatz wieder verschwinden. Wegkreuzungen gelten im Volksglauben generell als Sammelplatz von Geistern und Dämonen, weshalb ein Aufenthalt dort gerade um Mitternacht sehr gefährlich sei. Öhningen liegt nahe der Schweizer Grenze am äußersten Westzipfel des Bodensees und gilt als staatlich anerkannter Erholungsort, weshalb es heute eher gesund ist, sich dort aufzuhalten, zumindest wenn man sich Mitternachts von Wegkreuzungen fernhält.

Die Bauern von Gaienhofen

Die ‚Zimmersche Chronik' erzählt uns, was das für gar gescheite Leute ehemals waren, die Bauern in Gaienhofen. Einmal haben sie einen großen Kirschbaum voller Kirschen gehabt. Damit keinem unter ihnen mehr Kirschen als dem anderen zukommen würden, sind sie allesamt – jung und alt, Weib und Mann – also jedermann aus dem Dorf auf den Baum gestiegen, um die Kirschen zu ernten. Damit haben sie den Baum so beschwert, dass die meisten Äste abbrachen. Wer darauf gesessen oder gestanden hatte, ist mit herabgefallen, und so endete es also in einer wilden Purzelei.

Ein anderes Mal haben sie in ihrem Dorf einen Brunnen ausmessen wollen. Dazu haben sich etliche in den Brunnen hinabgelassen, sodass einer an dem andern hing. Der aber zuoberst war, spuckte in die Hände, um sich desto fester zu halten. Damit ließ er los und sie sind alle miteinander in den Brunnen gefallen.

Ein weiteres Mal wollten die Bauern von Gaienhofen ihrem Schultheißen einen Gefallen tun und ihm beim Ausbessern seines Hauses helfen. Sie fuhren mit einem leeren Wagen in den Wald und fällten einige Bäume. Wie sie dann einen Stamm aufgeladen hatten, sagte der Älteste unter ihnen: »Trägt der Wagen das eine Holz, so trägt er auch noch eins.« Drum luden sie noch einen Stamm auf. Sagt darauf ein anderer von den Bauern: »Trägt er die zwei Stämme, so trägt er auch den dritten.« Luden sie also auch den dritten auf und hernach noch den vierten. Damit war aber der Wagen so überladen und beschwert, dass er umfiel. Da luden sie einen Stamm wieder ab und sagten: »Trägt er die vier nicht, so trägt er auch drei nicht.« Sie nahmen dann noch ein Holz herunter. »Dieweil er die drei nit mag ertragen, so trägt er auch die zwei nit«, sagten sie und so fort, bis sie den Wagen gänzlich leergeräumt hatten. Sie fuhren ihn sodann unbeladen heim. Der Schultheiß musste letztendlich, um sein Haus auszubessern, sich das Holz dazu selber holen.

Nach Waibel: Badisches Sagenbuch

Die Gemeinde Gaienhofen, mit den Ortschaften Hemmenhofen und Horn, liegt am oberen Ende des Rheinsees, Steckborn auf der Schweizer Seite gegenüber. Hermann Hesse zog 1904 in ein altes Bauernhaus, bevor er sich wenige Jahre später ein eigenes im Ort bauen ließ. Wandert man heute durch den Ort, kann man die ursprünglich bäuerliche Struktur durchaus noch erkennen. Die Sagen um die ‚gescheiten' Bauern des Dorfes nimmt vielleicht Bezug auf den Begriff ‚Bauernschläue', der durchaus nicht Lebensklugheit meint.

Die Selige Elsa im Kloster Grünberg

Nur noch ein Steinkreuz aus dem Jahre 1895 auf der Wiese der Gemeinde Moos erinnert daran, dass ehemals dort ein Kloster stand. Eine ihrer Insassinnen war die Selige Elsa, die als wohltätige Klausnerin bekannt war und verehrt wurde. Sie tat auch über Ihren Tod hinaus Wunder. Der Legende nach soll sie die Klosterkirche durch ihr Erscheinen vor dem Brand verschont haben.

Nach Wikipedia Kloster Grünberg

Die Selige Elsa soll angeblich eine Gräfin von Habsburg gewesen sein. Sie starb um das Jahr 1400. Der Brand, der das Kloster mit Ausnahme der Klosterkirche vernichtete, kann auf das Jahr 1660 datiert werden. Nach 1785 wurden keine Novizinnen mehr aufgenommen, anlässlich der Säkularisierung wurde das Kloster 1808 aufgehoben und in der Folge alles, was nicht niet- und nagelfest war, versteigert. 1830 wurden die letzten Gebäude abgerissen.

Zellersee und Gnadensee

Zellersee und Gnadensee sind die südwestlichen und nördlichen Teile des Untersees. Der kleine Teil des Gnadensees zu Radolfzell hin heißt Markelfinger Winkel. Das Hegau reicht von der Südseite des Überlinger Sees bis zum Hochrhein zwischen Stein am Rhein und Schaffhausen. Bekannt ist diese Landschaft für die Hegauer Kegelberge westlich von Singen.

Das gespenstige Ross

Einst sprang in Singen, am Fuß des Berges Hohentwiel, ein lediges Ross herum. Die Knaben liefen ihm nach und wollten es einfangen. Die Bauern warnten sie jedoch: »Lasset es laufen, es gehört dem Boppele!« Dann war das Ross plötzlich verschwunden und die Buben guckten dumm.

Nach Bächtold: Sagen vom Untersee und aus dem Hegau

Der ‚Poppele' oder auch ‚Boppele' soll ein Burggeist sein, der mit der Burg Hohenkrähen in der Nähe von Singen in Verbindung gebracht wird. Um ihn geht es in den folgenden Sagen. Der Einheitlichkeit wegen wird nur die Bezeichnung ‚Poppele' verwendet.

Die Burg Hohenkrähen

Die Burg Hohenkrähen

Unweit der berühmten Bergveste Hohentwiel, auf einem hohen steilen Bergkegel, liegt die Burg Hohenkrähen. Sie ragt hoch über ihren Nachbarn, die Hohenstoffeln, Hohenhöwen, Hohentwiel und den Mägdeberg. Beschwerlich und mühevoll ist der Weg dorthin; aber eine unvergleichliche Aussicht belohnt reichlich dafür. Weit ausgebreitet in einem herrlichen Panorama liegt das Hegau vor dem Betrachter. Auch über die Spiegelfläche des Bodensees schweift das Auge bis hinüber zu den Gipfeln der Schweizeralpen, die den Horizont begrenzen. Das Auge folgt den grünen Fluten des Rheins, bis dorthin, wo er aus dem Bodensee tritt. Die Burg liegt größtenteils in Trümmern; nur ein kleines Schlösschen und zwei Bauernhäuser sind noch bewohnbar. In der ganzen Umgegend ist Hohenkrähen berühmt und berüchtigt wegen eines neckenden Burggespenstes, das dort sein Wesen treiben soll und »Poppele von Hohenkrähen« genannt wird.

Nach Schnezler: Badische Sagen

Die mittelalterliche Höhenburg liegt auf dem Gipfel des Hohenkrähen (im Volksmund »Krayen«) nördlich von Singen. Über einen schmalen Pfad kann die Ruine auf dem verwilderten, mit Sträuchern und Bäumen überzogenen Berg erreicht werden. Seit dem Dreißigjährigen Krieg ist die Burg eine Ruine. Ab 1956 wird die Vorburg als Jugendburg einer Pfadfinderschaft genutzt.

Der Poppele von Hohenkrähen

Johann Christoph Poppelius Mayer war Schirmvogt einer verwitweten Freiin von Hohenkrähen. Von Gestalt war er zwar klein und schmächtig, dabei aber doch wild und unbändig und außerdem ein großer Freund von einem guten Trunk. Einst sprach spät in der Nacht ein vorbeireisender Abt mit seinem Gefolge auf Hohenkrähen vor und bat um Abendbrot und Nachtlager. Freundlich hieß ihn Poppelius willkommen. Sie setzten sich zur Tafel und waren fröhlich und guter Dinge. Der Becher machte bei Scherz und Witz wacker die Runde, bis endlich der zu reichlich genossene Wein zu Zank und Streit führte. Auf einen groben Spaß des Schirmvogtes erwiderte der Abt, er solle sich nur nicht mit seiner Stärke brüsten; er sehe ja leibhaftig dem dürren Knochenmanne ähnlich und könne durch ein Nadelöhr gezogen werden. Über diesen Schimpf aufgebracht, sprang Poppelius von der Tafel auf und befahl, das wohlbeleibte Pfäfflein in das unterste Verlies der Burg zu werfen. Es solle bei Wasser und Brot so lange darin gefangen gehalten werden, bis es ebenso mager geworden sei, dass es durch ein Nadelöhr passe.

So geschah es auch und der Abt wurde nicht eher aus seiner Haft entlassen, als bis er an Umfang bedeutend abgenommen und so mager und dünn wie Poppelius Mayer geworden war. Der Abt aber machte sich voller Grimm auf den Heimweg und sann zu Hause unablässig auf Rache und Vergeltung. Endlich fand er in der Klosterbibliothek ein Zauberbuch und verfluchte mittels der darin enthaltenen Beschwörungsformeln den Ritter Poppelius, der sich bald darauf das Genick brach. Seither beunruhigt er die Gegend durch seine Spukereien. Einige von diesen sollen hier erzählt werden.

So stellt er sich an den Wiesenbach an den schmalen Steg und wartet, bis jemand

Poppele und der Abt

hinübergeht. Puff, versetzt er diesem einen Stoß, dass er in das kalte Wasser stürzt. Dann macht er sich mit gellendem Gelächter davon.

So lange das Dreschen Winters über in der Nachbarschaft dauerte, musste jeden Abend nach der Betzeitglocke ein Knecht in die Scheuer gehen und laut ausrufen: »Nicht zu wenig und nicht zu viel!«, denn sonst warf Poppele zum Zeitvertreib alle Garben durcheinander, um den Leuten neue Arbeit zu machen.

Ebenso wurde zur Sommerszeit vor dem Ausfahren gerufen: »Wir wollen selbst anspannen«, sonst war Poppele gleich bei der Hand, die Ochsen und Pferde verkehrt herum einzuspannen.

Wenn er guter Dinge war, so unterhielt er sich oft damit, die Räder vorbeifahrender Kutschen und Wagen so lange zu sperren, bis er durch Fluchen verjagt wurde. Dies soll selbst der Äbtissin von Ummenhausen passiert sein, als sie zur Herbstzeit das zu ihrem Kloster gehörende Rebgut bei Öhringen besuchen wollte. Sie wurde äußerst lange am Fuße des Berges von Poppele aufgehalten, weil sie aus Frömmigkeit dem Kutscher nicht erlauben wollte, zu fluchen. Am Ende musste sie doch die Erlaubnis dazu geben, nur um überhaupt vom Fleck zu kommen.

Mit Glas- und Eierträgern soll Poppele sich gerne unterhalten. Sobald ihm einer begegnet, verwandelt er sich am Wege in einen Stock oder Baumstamm. Wollte nun der Träger ausruhen und seinen Rückkorb an einen solchen Klotz lehnen, so wich und verschwand derselbe augenblicklich, der Korb fiel zu Boden, Eier und Gläser zerbrachen und aus der Luft verspottete noch ein schallendes Gelächter den armen Betrogenen.

Auch den Torwächter von Radolfzell hielt Poppele oft zum Besten. Um Mitternacht kam er zum Tor der Stadt, ahmte den Ton des Posthornes nach und lockte dadurch den Wächter aus dem Bett zum Öffnen. Kaum war dies erfolgt, so machte sich Poppele hell auflachend aus dem Staube und der Torwächter sah nur dunkle Nacht und keine Postkutsche.

Nach Schnezler: Badisches Sagen-Buch

Ein Burgvogt namens Johann Christoph Poppelius Mayer konnte von mir nicht recherchiert werden. Aber als Raubritterburg kam Hohenkrähen durchaus zu ‚Ehren'. Hans Wilhelm von Friedingen unternahm Raubzüge auf Schweizer Gebiet und auch anderswo. Als ein schwäbischer Adeliger, der Kaufleute überfiel sich mit dem Friedinger verbündete und auf dessen Burg zog, ließ Kaiser Maximilian die Burg durch ein Heer des schwäbischen Bundes belagern. Nach drei Tagen wurde die Burg in der Nacht gestürmt. Die Adeligen hatten sich zuvor schon aus dem Staub gemacht. Man brannte die Burg nieder, doch später wurde sie wieder aufgebaut. Hans Jakob Fugger kaufte den Hohenkrähen samt Burg im Jahr 1560 und ließ sie erweitern, verkaufte sie aber ein Jahrzehnt später weiter.

Der Poppele reitet durchs Johannisfeuer

Andere Quellen sagen, der Poppele sei einst ein Graf von Hohenkrähen gewesen und hatte auf dem gleichnamigen Berg ein Lustschloss unterhalten. Er beneidete seinen älteren Bruder und erschoss ihn mit einem Pfeil um des Erbes willen. Als der Poppele hierüber zur Verantwortung gezogen wurde, rettete er sich durch einen falschen Eid und tat den Schwur, dass er als Geist umgehen wolle, wenn er seinen Bruder umgebracht habe. Dafür muss er nun bis auf den heutigen Tag noch immer spuken.

Er fährt mit vier Rappen und zeigt sich insbesondere, wenn ein Krieg bevorsteht. Des großen Napoleons Kriege hat er alle mitgemacht, aber im Jahre 1813 kam er heim und sagte: Sein Heer verliere er jetzt, deshalb wolle er nicht mehr bei ihm dienen.

Einmal ist der Poppele in der Nähe des Hohentwiel mitten durch ein Johannisfeuer geritten, dass die Funken nach allen Seiten hin stoben. Den anwesenden Leuten aber hatte er nichts zu Leide getan. Jedermann kannte und rief er beim Namen. Den Mädchen ist er schon als glänzender Mann erschienen. Wenn Knechte und Mägde beim Essen saßen, machte der Poppele manches Mal das Vieh los und trieb es zum Stall hinaus. Wenn die Dienstboten vom Essen wegmussten, um es wieder einzutreiben, freute sich der schadenfrohe Geist und lachte aus der Ferne.

In der benachbarten Mühlhauser Pfarrkirche, soll der Popelius unter dem Hochalter begraben liegen. An den Stufen des Alters war noch vor einigen Jahren zu lesen: hic jacet Popolius, das heißt: hier liegt Poppele, zumindest sagen das noch einige alte Leute.

Nach Waibel: Badisches Sagenbuch

Auch diese Angaben zur Herkunft des Poppelus sind nicht zu verifizieren. Das Geistererscheinungen in Verbindung mit Katastrophen und Krieg gebracht werden, kommt auch anderswo nicht selten vor.

Poppele als dienstbarer Geist

Wenn die Leute um den Hohenkrähen herum mit dem Poppele gut auskamen, so erzählte eine Frau aus Dissenhofen, dann hatten sie es gut. Dann nämlich half er ihnen bei ihrer Arbeit im Haus und auf dem Feld. Die Mägde konnten ihm beispielsweise auftragen, Wasser zu holen, wenn sie dabei sagten: »Nit z'lätzel und nit z'viel«, sonst war am Morgen in der Küche alles voll Holz oder schwamm alles im Wasser.

Nach Bächtold: Sagen vom Untersee und aus dem Hegau

Beim Umgang mit Geistern muss man vorsichtig sein. Allzu schnell wird man von ihnen beim Wort genommen und der Auftrag genauer ausgeführt, als es einem lieb ist. Besser, man macht es gleich selbst.

Poppele neckt einen Müller

Einem Müller aus Radolfzell, welcher abends vom Möhringer Fruchtmarkt heimfuhr, begegnete unter der Burg Hohenkrähen ein schlechtgekleideter Wanderer. Den bat er ihn bis Singen mitzunehmen, was ihm auch bewilligt wurde. Kurz vor Singen musste der Müller absteigen, wobei er mit Schrecken feststellte, dass der Geldgurt, den er um den Leib hatte, ganz leicht und leer geworden sei. Voll Verdacht blickte er auf den Wanderer, der noch auf der Kutsche saß, aber derselbe sagte ganz gleichgültig: »Ich habe das Geld nicht; geht einmal zurück, vielleicht findet ihr es wieder.« Da schaute der Müller sich um und sah beim Mondlicht auf dem Weg einen Taler liegen; unweit davon einen zweiten, und einige Schritte weiter einen dritten. Hierüber lachte der Wanderer laut auf, stieg vom Wagen und verließ den Müller. Nun merkte dieser, dass er es mit dem Poppele, dem Spukgeist von Hohenkrähen, zu tun hatte. Er stellte sein Fuhrwerk in Singen unter und ging suchend auf der Landstraße eine Stunde zurück. Nach und nach fand er alle seine Taler, den letzten, morgens um fünf Uhr, an der Stelle, wo er den Poppele auf den Wagen genommen hatte.

Nach Bader: Volkssagen aus dem Lande Baden …

Es gibt noch viele anderen Geschichten um den Poppele, etwa dass er nachts in der Burgruine Hohenkrähen kegeln sollte. Zwei Handwerksburschen sollen einmal mit ihm ein Spiel gewagt haben, wobei sie alles Geld verloren. In ihrem Gepäck fand der eine dann eine Kugel, der andere einen Kegel. Ersterer warf die Kugel fort, Letzterer untersuchte sie genauer und entdeckte, dass sie aus purem Gold war. Als der Handwerker, der die Kugel fortgeworfen hatte, diese suchte, konnte er sie nicht wiederfinden (nach Waibel). Sagen um Kegelspiele von Geistern gibt es auch anderswo, ohne den Poppele. Siehe dazu auch die Sage vom Möttelischloss.

Radolfzells Ursprung

Um das Jahr 840 nach Christi Geburt, als das Kloster Reichenau bereits in hohem Ansehen stand und mit vielen Gütern gesegnet war, kam Ratold, einer aus dem Geschlecht der Grafen in der Bertholdsbaar, zum zweiten Mal aus Italien zurück, wo er eine Zeitlang zu Verona Bischof gewesen war. Er hatte einige Jahre zuvor Judith, die Gemahlin des Kaisers Ludwig, aus Italien nach Aachen begleitet, und war auf den Reichstagen zu Diedenhofen, Aachen und Ingelheim dabei gewesen, zog sich aber dann, nachdem er der Bischofswürde feierlich entsagt hatte, in die Einsamkeit zurück. Er kam nach Reichenau zu dem Abt Hayto, der ihm gestattete, sich auf seinem Gebiet am Seeufer eine Zelle zu bauen.

Ratold wählte den Ort, wo nun die Stadt seines Namens steht, sammelte einige Brüder um sich, lebte mit diesen, übte fromme Werke aus und begeisterte das Volk für Christi Lehre mehr und mehr. Im Jahr 874, in dem er starb, wurde er in der von ihm erbauten Kirche bestattet, wo sein Grabmal noch gezeigt wird. Aus den Ansiedlungen um das Gotteshaus, aus den Fischer- und Schifferwohnungen in der Nähe, erwuchs nach und nach aus dem bescheidenen Anfang von Ratolds Zelle eine Stadt.

Nach Schnezler: Badisches Sagenbuch

Anders als es die Sage behauptet, wurde Radolfzell bereits um 826 von Bischof Radolt von Verona (um 770) gegründet. Die Schreibweise Ratbold, auch Radolf, ist ebenfalls überliefert.*

Das alte Rathaus von Radolfzell

Er war Alamanne und wurde in der Klosterschule Reichenau ausgebildet, was seine Rückkehr an diesen Ort erklärt. Bis 840 war er Bischof von Verona. Er starb irgendwann zwischen 840 und 858, hier irrt also die Sage. Sein Grab befindet sich im Münster Unserer Lieben Frau in Radolfzell. Er gilt als Heiliger der katholischen Kirche.

Reichstage bezeichneten ursprünglich Versammlungen der Reichsstände des Heiligen Römischen Reiches (Deutscher Nation). Bis zum 16. Jahrhundert wurden sie jeweils in eine Bischofs- oder Reichsstadt einberufen. Die in der Sage erwähnten Reichstage fanden ver-

*mutlich 828 (Ingelheim), 831 (Aachen) und 835 (Diedenhofen) statt. Genau kann das nicht bestimmt werden, weil die Orte mehrfach für Reichstage ausgewählt wurden. Die drei genannten Reichstage wurden immerhin von Ludwig I. (dem Frommen) (*778, †840), der ebenfalls in der Sage erwähnt wird, einberufen.*

Der entwendete Stadtschlüssel

Hans Sürg von Sürgenstein war ein tollkühner, aber halbverrückter Ritter. Wegen seines »unbestimmten Wesens« sollte er von Stadt und Adel gefangen genommen werden. Er erfuhr davon, ließ umgehend seine Knechte die Pferde satteln, zog sich in aller Stille an und stieg aufs Pferd. Danach ritt er vor das Rathaus, wo seine Verwandten und die anderen Edelleute beieinandersaßen. Er schoss mit seiner Büchse in die Ratsstube und hetzte mit seinen Knechten den nächsten Weg dem oberen Tore zu. Vorsichtigerweise waren aber schon vorher die Tore zugeschlagen worden, damit er nicht hinausgelassen werden konnte. Als Sürg von Sürgenstein zu dem Tor kam und es bereits geschlossen vorfand, ergriff er den Pförtner, nahm ihm die Schlüssel mit Gewalt ab, schlug sie ihm um die Ohren und schloss sich das Tor selbst auf. Dann saß er auf und ritt vor den Augen seiner Widersacher aus der Stadt hinaus. Auf seine vielfältige Bitte hat er dem Pförtner den Stadtschlüssel später wieder zugestellt; es soll ihn aber nachher übel gereut haben.

Nach Waibel: Badisches Sagenbuch

Das Geschlecht der Sürgenstein (auch Syrgenstein oder »die Sürgen«) war ein Adelsgeschlecht aus Baden im Freiherrnstand. Im Landkreis Lindau bei Heimenkirchen gab es seit dem 13 Jahrhundert eine Burg. Veit »Sürg« legte im Jahr 1539 den Grundstein für ein Schloss. Aus dieser Familie stammen auch Weihbischöfe in Konstanz. Ein Hans Sürg von Sürgenstein mit Bezug zu Radolfzell konnte von mir nicht ermittelt werden. Es gibt allerdings einige »Hans« unter den Nachfahren von Veit Sürg, denen aber ein derart aufsässiges Verhalten nicht nachgesagt werden kann.

Wie der Gnadensee seinen Namen bekam

In der Zeit, als noch auf der Insel Reichenau zu Gericht gesessen und Recht gesprochen wurde, war es üblich, einen zum Tode verurteilten Delinquenten zum Festland hinüberzurudern und dort das Urteil zu vollstrecken. Wollte der Abt den Verurteilten dennoch begnadigen, so ließ er eine Glocke läuten, bevor das Boot das andere Ufer erreichte. Der Henker wusste nun, dass der Verurteilte nicht unter seinen Händen sterben sollte. Andere aber meinen, dass der Name sich eher auf die gnädige Mutter Maria, der Gnadenfrau, zurückzuführen ist, denn das Kloster in Mittelzell war ein Marienkloster.

Nach Wikipedia, Stichwort Gnadensee

Man unterschied in alter Zeit zwischen hoher und niederer Gerichtsbarkeit. Niedergerichte urteilten nur über leichtere Vergehen. Sie waren außerdem für Grenzstreitigkeiten, Erbrecht und Ähnliches zuständig. Todesurteile und schwere Leibesstrafen durften nicht verhängt werden. Nur Obergerichte waren dazu berechtigt. Bischöfe und Klosteräbte durften allerdings nicht an Blutgerichten beteiligt sein, sodass bei dieser Legende davon auszugehen ist, dass das eigentliche Todesurteil von einem Vogt getroffen wurde und der Abt nur für die Begnadigung zuständig war.

Darüber, wie die Insel Reichenau vom Heiligen Pirminius kultiviert wurde, habe ich in meinem Buch »Sagen & Legenden aus Baden« ausführlich berichtet. Im Jahr 724 soll von Pirminius das Benediktinerkloster gegründet worden sein. In den tausend Jahren zwischen Gründung und der Auflösung im Jahr 1757 erlebte das Kloster Höhen und Tiefen. Im frühen Mittelalter wirkte es weit über die Insel hinaus.

5.
Der Bodanrück

Der Bodanrück ist die Halbinsel, die den Untersee vom Überlinger See trennt. Er ist vielerorts bewaldet und enthält mehrere Landschafts- und Vogelschutzschutzgebiete. Darüber hinaus prägen Obstwiesen und Weiden das Landschaftsbild auf dem Bodanrück.

Der Pudel von Allensbach

Ein schwarzer Pudel hütete in Allensbach, wo früher ein Schloss gestanden haben soll, vergrabene Schätze. Im Dorfe lebte ehemals ein überaus zänkisches Weib. Als sie einst in der Nacht mit ihrem Ehemann Streit bekommen hatte, verließ sie unter Verwünschungen das Haus. Es war Mitternacht, als sie am Schlossberg vorbeikam. Da trat ihr der Hund mit glühenden Augen in den Weg. Voller Schreck kehrte sie um und lief ihrer Wohnung zu; der Hund aber blieb ihr auf den Fersen. Sie klopfte an der Haustür, der Mann öffnete, und als er ihre Eskorte sah, sagte er lakonisch: »Du hast einen Saubern bei dir.« Die Frau war von ihrer Streitsucht seither geheilt.

Nach Waibel: Badisches Sagenbuch

Im Gebiet um Allensbach gibt es drei Schlösser: das Barockschloss Freudental, das bodmansche Barockschloss Langenrain und das Schloss Hegne, das heute Teil des Klosters und Bildungszentrums ist. Um welche Ruine oder abgegangene Burg es sich handelt, lässt sich schwer sagen. Vielleicht die Ruine Altbodman, die immerhin auf der anderen Seite des Bodanrück liegt oder die abgegangenen Burgen bei Dettingen. Sehenswerter als Ruinen ist in Allensbach das Fritz Mühlenweg Museum, das im alten Bahnhof eingerichtet wurde. Der

Altbodman

Konstanzer Mühlenweg war mit Sven Hedin in der Wüste Gobi unterwegs, bevor er sich zum Maler ausbilden ließ. Bekannt wurde er allerdings als Schriftsteller mit Romanen, Jugendbüchern und Märchen aus Asien. In seinem Roman »In geheimer Mission durch die Wüste Gobi« kommt auch ein Pudel vor.

Kloster Adelheiden

Über die Gründung des ehemaligen Klosters Adelheiden, das zwischen Hegne und Dettingen liegt, erzählt man sich folgende Legende: Die von der Insel Reichenau stammende Jungfrau Adelheid Böllerin war von Allensbach über Hegne nach Wollmatingen unterwegs, wo sie in Diensten stand. Im Wald begegnete ihr ein lediger Kerl aus Wollmatingen. Er wollte sein Vergnügen mit ihr haben und als sie darauf nicht einging, versuchte er, sie zu vergewaltigen. Doch sie widersetzte sich heftig. Da stach er dreimal mit dem Messer auf sie ein, bis sie wie tot liegenblieb. Ohne Gewissensbisse ging er heim. Adelheid lebte jedoch noch und schleppte sich zu einer hohlen Eiche, in die sie sich zum Schutz verkroch. Am folgenden Tag kam der Täter zurück und fand sie in dem Baum. Die Sterbende bat ihn, einen Beichtvater zu holen, doch er, Strafe fürchtend, erschlug sie mit seiner Hacke und flüchtete. Er kam jedoch nicht davon, denn für diese und andere Taten wurde er später zum Tode verurteilt und hingerichtet. Die Menschen der Umgebung verehrten Adelheid als Heilige, da sie eher bereit war, ihr Leben zu geben, als ihre Keuschheit zu opfern. Die hohle Eiche wurde als Wallfahrtsort aufgesucht und später dort ein Kloster errichtet.

Nach Joseph Spengler, 1763

In einer Talaue nahe von Hegne wurde im 14. Jahrhundert das Kloster Adelheiden errichtet. Zunächst wurde nahe der Mordstelle im Jahr 1374 eine Kapelle gebaut. Das wenig später errichtete Kloster wurde zunächst von fünf Mönchen geführt, die nach der Benediktinerregel lebten. Bald schon wurde es aber in ein Augustinnerinnenkloster umgewandelt. Im Jahr 1803 wurde die Aufhebung des Klosters beschlossen. Einige Jahre lebten noch zwölf Nonnen dort, aber 1810 begann man mit dem Abriss des Klosters.

Die Heiligkreuz-Kapelle in Oberdorf bei Dingelsdorf

Eine halbe Stunde von Dingelsdorf liegt einsam am Walde auf der Höhe, von der man eine prachtvolle Aussicht auf den Bodensee genießt, der Weiler Oberdorf, der schon 1165 urkundlich genannt wird. Auf freiem Rasenplatz steht ein kleines, einfaches Kirchlein mit einem Türmchen auf dem vorderen Dachfirst und darunter eine nach außen gerichtete Kanzel. Dies ist die Heiligkreuzkapelle, so genannt nach einem alten Prozessionskreuz, das auf dem Altar hinter Glasverschluss aufgestellt ist.

Dieses Heiligkreuz von Oberdorf wurde in alter Zeit auf wunderbare Weise gefunden. Auf dem Platz, wo jetzt die Kapelle steht, weidete eine Herde Vieh. Da wühlte ein Stier mit den Hörnern den Boden auf und scharrte aus der Erde ein seltsam geformtes, etwa ein Meter großes Kreuz heraus, von dem niemand vorher etwas gewusst hatte. Das Volk erblickte hierin ein Wunder und verehrte das Kreuz wie ein Heiligtum. Auf der Stelle, wo das Kreuz gefunden wurde, baute man eine Kapelle und stellte das Kreuz darin auf. Viele Gläubige wallfahrten nun zu diesem Kreuz. Die Dingelsdorfer wollten es in der Pfarrkirche aufstellen, da dort mehr Platz für die Wallfahrer sei. Sie holten deshalb mit Kreuz und Fahnen aus der Oberdorfer Kapelle das »Heiligkreuz« und brachten es in die Dingelsdorfer Kirche. Andern Tags aber stand dasselbe wieder wie bisher auf dem Altar der Oberdorfer Kapelle. Dort ließ man es von nun an unbehelligt stehen. Nur zu Prozessionen, die von der Mutterkirche in Dingelsdorf ausgehen, wird das »Heiligkreuz von Oberdorf« geholt und während der Prozession mitgeführt. Nach Beendigung kommt es wieder an seine alte Stelle.

*Die Heiligkreuzkapelle wurde im Jahr 1746 von Johann Caspar Bagnato (*1696, †1757), einem süddeutschen Barockbaumeister, errichtet. Diese Kapelle gilt als die kleine Schwester der Schlosskirche auf der Mainau. Weder die Kapelle noch das Schloss sollen diejenigen sein, von denen die Sage handelt. Das Kreuz ging verloren, die Kapelle wurde zerstört, und das, was heute zu sehen ist, sind sicher Nachschöpfungen.*

Das Nebelmännle

Auf der alten Burg Bodmann, die in der Nähe des Überlinger Sees liegt, wohnte einst der Herr von Bodmann. Der wollte eine große Reise machen, bis an das Ende der Welt. Er nahm einen Wagen, einen Kutscher und einen Diener mit, und verabschiedete sich von seiner Frau, indem er sprach: »Wenn ich von heut an in sieben Jahren nicht wieder hier bin, so darfst Du auf mich nimmer warten und kannst einen andern heiraten.« Darauf reiste er fort und kam durch viele Städte und Länder. Zuletzt erreichte er eine große Wüste, in die er weit hineinfuhr, ohne dass er irgendeinen Menschen zu sehen bekam. Endlich gelangte er an einen Platz, der mit einer hohen Mauer umgeben war. Weil er gern gewusst hätte, was dahinter lag, so half er seinem Bedienten hinauf. Wie der aber droben war und hinter die Mauer sehen konnte, so winkte er bloß dem Kutscher und sprang hinab. Nach einer Weile, als der Diener nicht zurückkam, sagte der Herr zu seinem Kutscher, er solle doch einmal nachsehen, wo der Bediente geblieben sei, und half ihm ebenfalls auf die Mauer. Der Kutscher aber machte es ebenso wie der Bediente und sprang in den Garten hinter der Mauer, denn das war der Paradiesgarten, und darin gefiel es den beiden so gut, dass sie nicht wieder hinaus mochten. Sie ließen deshalb ihren Herrn im Stich.

Der Herr von Bodmann konnte allein die Mauer nicht ersteigen, und nachdem er noch längere Zeit vergebens auf seine Diener gewartet hatte, irrte er in der Wüste herum. Endlich kam er an ein kleines Haus. In das ging er hinein und traf dort ein altes Weib. Dem klagte er, wie es ihm ergangen war und wünschte bei ihr zu bleiben. Das Weib aber sagte, ihr Mann sei ein Menschenfresser und werde ihn gewiss riechen, wenn er hierbliebe. Allein der Herr von Bodmann mochte nicht mehr in der Welt herumirren und versteckte sich in dem Haus. Doch als der Mann des alten Weibes heimkam, sprach er gleich: »Ich rieche einen Menschen!« Er entdeckte bald den Herrn von Bodmann, war aber nicht unfreundlich gegen ihn. Er sah auch nicht furchtbar aus, war nur ein kleines Männlein und wurde gewöhnlich das »Nebelmännle« genannt.

Nebel ist am Bodensee kein seltenes Phänomen

Nachdem nun das Nebelmännle von dem Herrn von Bodmann erfahren hatte, wie er hergekommen war, so sprach es zu ihm: »Ich will dir nichts zu Leide tun und dich sogar noch in dieser Nacht zu deinem Schloss führen, denn sonst hält deine Frau morgen mit einem Anderen Hochzeit. Du musst mir aber versprechen, dass du künftig das Läuten mit der Nebelglocke unterlassen wirst.« Das versprach ihm der Herr von Bodmann herzlich gern, und darauf nahm ihn das Nebelmännle auf seine Schultern und flog mit ihm, schneller als der Wind, durch die Luft und setzte ihn am Morgen tatsächlich vor seinem Schloss nieder.

Als der Herr von Bodmann seine Burg betrat, erkannte ihn niemand, selbst seine Frau nicht. Diese reichte ihm Waschwasser, und nachdem er sich gewaschen hatte, zog er seinen Trauring vom Finger und ließ ihn hineinfallen. Als aber seine Frau das Wasser ausgoss und den Ring erblickte, hatte sie eine herzliche Freude und behielt doch lieber ihren alten Mann als den neuen. Dessen Werbung hatte sie nicht länger ausweichen können, weil die sieben Jahre gerade eben um waren.

Das Läuten mit der Nebelglocke, welches die Nebel verscheuchen sollte, ist seitdem eingestellt worden; die Nebelglocke aber hängt noch immer auf dem alten Schloss Bodmann.

Nach Meier: Deutsche Volksmärchen aus Schwaben

Wer den Bodensee öfter besucht und nicht nur im Sommer an Tagen, wo man der Sonne gewiss sein kann, der hat auch sicher schon den Nebel erlebt, der den See verhängt und manchmal kaum ein paar Schritte weit sehen lässt. Das kann man als stimmungsvoll empfinden, doch der Nebel hat auch seine Schattenseiten. Er schädigt nämlich die Reben durch die Feuchtigkeit und den Entzug des Sonnenlichts. Außerdem hatten die Schiffe früher auf dem See Probleme, im Nebel zu navigieren. Dass aus diesem Umstand die Personifikation des Nebelmännle entstand, ist leicht einzusehen. Die Sagen um das Nebelmännle enthalten teils auch märchenhafte Züge. Diese Sagengestalt ist deshalb nicht nur bei Bodman, sondern im ganzen Bodenseeraum zu finden, auch bei dem nördlich vom Bodensee bei Bad Buchau gelegenen Federsee.

Der Brand zu Bodman

Um das Jahr 1308 lebte auf der Burg am Bodensee Johann von Bodman, der aus uraltem adeligem Geschlecht stammte. Man erzählte sich, dass er in seiner Jugend auf ganz wunderliche Weise am Leben erhalten worden war. So soll es sich zugetragen haben:

Es kam ein fahrender Schüler, der auch ein Schwarzkünstler gewesen sein soll, an diesen Ort. Der versprach dem Herrn von Bodmann, dass er es durch seine Kunst zuwege bringen könne, dass forthin in derselben Gegend um den Bodensee herum kein Nebel oder Reif den Weinreben mehr Schaden bringen solle. Das glaubte man ihm aus vorangegangenen Taten, die er zu erzählen sich nicht enthalten konnte. Darüber wurde nun gleich zu einem großen Fest zusammengerufen.

Als nun das ganze Hausgesinde mit samt den Junkern fröhlich tanzte, schlug unversehens ein feuriger Strahl in das Schloss ein und an allen Stellen im Haus fing es gleichzeitig zu brennen an. Sieben Edelmänner mit samt dem Hausgesinde, den Knechten und Mägden sind bei diesem Brand jämmerlich zugrunde gegangen.

Eine Amme erbarmte sich sehr des ihr anvertrauten jungen Kindes, den Sohn des Burggrafen, und weil sie besseres nicht zur Hand hatte als einen eisernen Kessel, setzte sie das Kind hinein, polsterte den Kessel mit vielen Tüchern aus, und um das Kind herum, damit es wohl befestigt war, und warf den Kessel aus dem Schloss hinaus. Das Kind blieb wie durch ein Wunder am Leben und von dem hinzugelaufenen Volk wurde es erkannt und hinweggetragen. Auf diese Weise war Johannes von seinem Geschlecht damals als einziger übriggeblieben. Er wurde in allen Tugenden aufgezogen. Sobald er erwachsen war, ist er dem kaiserlichen Feldlager nachgezogen und hat sich dermaßen bewährt, dass er zum Ritter geschlagen wurde. Als er wieder heimgekommen war, erneuerte er die Burg seiner Vorfahren und hielt sich weiterhin so löblich, dass ihn alle sehr geliebt haben. Es sind alle seine Nachkommen aber nach ihm Johannes genannt und in dem Kloster Salmannsweiler bestattet worden. Dort steht diese Historie auf einer Tafel geschrieben.

Nach Waibel: Badisches Sagenbuch

Bodmann war im 9. Jahrhundert eine karolingische Königspfalz. Dreizehnmal soll ein König auf dieser Pfalz zu Gast gewesen sein. Von dieser frühmittelalterlichen Burg ist nichts mehr erhalten geblieben, sie gilt als abgegangen. Eine staufische Pfalz wurde im 12. Jahrhundert errichtet. Diese brannte im Jahr 1277 ab. Reste sind nicht erhalten. Südöstlich von Bodmann liegt eine Burgruine, die Alt-Bodman genannt wird. Sie wurde zu Beginn des 14. Jahrhunderts an der Stelle erbaut, nachdem die Vorgängerburg am 16. September 1307 während eines Familienfestes durch Blitzschlag zerstört wurde. Mitglieder der staufischen Adelsfamilie und Angehörige des Hegauer Adels kamen dabei um. Nur der jüngste des Geschlechtes, der einjährige Johannes von Bodman, überlebte durch den Kesselwurf der Amme. 1322 wurde die neue Burg fertiggestellt. 1643 wurde sie im Dreißigjährigen Krieg durch französische Truppen zerstört. Ein Gedenkstein an der Stelle, wo sich der Kessel während des Brandes von 1307 verfing, erinnert noch heute an dieses Ereignis.

Mit Kloster Salmannsweiler ist die Reichsabtei Salem gemeint. Beide Namen wurden bis zum 18. Jahrhundert nebeneinander genutzt.

6.
Die Inseln Reichenau und Mainau

Von den zehn größeren Inseln im Bodensee sind nur vier bewohnt, wenn man einmal von der Wulesaueninsel am Seepark bei Kreuzlingen, das von Wollschweinen bewohnt wird, absieht. Neben der Reichenau und Mainau – denen dieses Kapitel gewidmet ist – sind das die Insel Lindau im Osten und die kleine Dominkanerinsel bei Konstanz, auf der ein Hotel zu finden ist.

Reichenau

Schon die Römer sollen auf der Insel Reichenau gesiedelt haben, dominiert wurde sie über Jahrhunderte durch das Benediktinerkloster Reichenau. Inzwischen steht dieses auf der Liste des UNESCO-Welterbe. Das sich besonders zu dieser Insel viele Sagen finden, ist nicht schwer zu verstehen. Ein ausführliches Kapitel zu dieser Insel habe ich in mein Buch »Sagen und Legenden aus Baden« aufgenommen. Die dort aufgeführten Sagen und Legenden sollen hier nicht wiederholt werden. Das schafft Raum für die Texte, die ich für das genannte Buch unberücksichtigt lassen musste und die doch unbedingt zur Reichenau gehören.

Blick vom Nordufer zur Reichenau

Die Reliquien des Heiligen Evangelisten Markus

In der Münsterkirche zu Mittelzell auf der Insel Reichenau werden die Reliquien des Heiligen Evangelisten Markus aufbewahrt. Ratbold, einstmals Bischof von Verona, brachte diese Reliquien von Venedig im Jahr 830 auf die Insel Reichenau. Er hatte sie von dem Herzog Justinian erhalten. Anfangs verehrte man sie als die Reliquien des Heiligen Valencius. Sie wurden aber, wie es scheint, nicht würdig genug beachtet. Die folgende Erscheinung, die auf diese heiligen Reliquien Bezug hat, erzählte man sich.

Dem Bischof Gebhard I. von Konstanz, einem Grafen von Habsburg, der früher Mönch auf Reichenau war, träumte davon, wie er auf der Reichenau wandle und schließlich in eine Kirche gehe. Da begegnete ihm ein mit kostbaren geistlichen Kleidern angetaner Bischof. Auf seine Frage, wer er sei, antwortete dieser: Ich bin der Evangelist Markus und will, dass meine Gebeine, die in dieser Kirche an einem feuchten Orte aufbewahrt werden, erhoben und an einen besseren Ort gebracht werden. Gebhard, der sich einer göttlichen Erscheinung für unwürdig hielt, schwieg aus Demut. Da erschien ihm in der folgenden Nacht der heilige Evangelist erneut und erinnerte ihn an sein Begehren. Bischof Gebhard schwieg jedoch immer noch über diese Sache. Nun erschien ihm der heilige Evangelist zum dritten Mal, diesmal jedoch zornig. Jetzt begab sich Bischof Gebhard auf die Reichenau und erzählte dem dortigen Abt von seiner Erscheinung. Der Abt ordnete Fasten und Gebete an und ließ das Grab öffnen. Die heiligen Gebeine wurden erhoben und in einen neuen Sarg gelegt. Man verehrte die Gebeine auch weiterhin unter dem Namen des Valenz.

Erst später wurde entdeckt, dass die Reliquien tatsächlich zum Evangelisten Markus gehören. Nun wurden diese in einem Schrein aus Holz, der mit Silber überzogen war, gelegt. Aber sie sind wohl nur ein Teil des heiligen Leibes; denn dieser ruht bekanntermaßen in der Markuskirche in Venedig. Jährlich wird das Markusfest auf der Reichenau gefeiert. Zahllose Pilger strömen herbei und die heiligen Reliquien werden in einer Prozession umhergetragen.

Nach Rolfus: Klänge aus der Vorzeit

Das romanische Münster St. Maria und Markus war die Abteikirche des Klosters Reichenau. Eine erste karolingische Basilika wurde bereits 816 eingeweiht. Im Jahr 830 brachte der alamannische Bischof Radolt von Verona, der zur Sage »Radolfzells Ursprung« in diesem Buch bereits eingeführt wurde, Reliquien aus Italien mit. Darunter sollen sich auch Reliquien des Evangelisten Markus befunden haben. Erst um die Jahrtausendwende erlangte die Markusverehrung auf der Reichenau einige Bedeutung. Nach verschiedenen Bauphasen und Erweiterungen fand der Ausbau des Münsters im 11. Jahrhundert seinen Abschluss und schuf die bis heute sichtbare Gestalt. Der normannische hölzerne Dachstuhl stammt allerdings aus dem 13. Jahrhundert. Ob es nun tatsächlich die Gebeine des Evangelisten sind, die ihren Weg auf die Reichenau fanden, weiß man nicht so genau. Begraben ist im Münster aber ein Urenkel Karls des Großen, Karl III., auch »der Dicke« genannt. Auch ein Schwager Karls des Großen – Herzog Gerold in der Baar, Heerführer und Vertrauter des Kaisers, fand seine letzte Ruhe im Reichenauer Münster. Der Markusschrein ist in der Schatzkammer des Münsters noch vorhanden.

Das heilige Blut im Münster zu Reichenau

Kaiser Karl der Große erhielt während seines Aufenthalts in Italien als Geschenk ein kostbares Heiligtum aus dem Orient. Es war eine Flasche von Onyx, gefüllt mit dem Blut des Erlösers. Außerdem ein Kreuz aus Gold und Edelsteinen, welches Spuren vom Blute Christi und in der Mitte ein Splitter vom Kreuz des Herrn enthielt. Waldo, der Beichtvater des Kaisers und Hunfried, Graf von Istrien, überbrachten das Geschenk. Auf Bitten des Hunfried überließ ihm der Kaiser, wenn auch ungern, das Kreuz zur Aufbewahrung. Dieses kostbare Kreuz vererbte sich in der Familie des Grafen Hunfried fort und kam zuletzt in den Besitz des frommen Ehepaares Waltharius und Wunailda. Diese versprachen es für ihren Todesfall dem Kloster Reichenau.

Wunailda brach bald darauf zu einer Wallfahrt nach der Reichenau und Zurzach auf und nahm das Kreuz mit sich. In Reichenau wurde sie ehrenvoll aufgenommen. Da sie die Nacht über eine Kerze vor dem Kreuze brennen ließ, wurde man auf dieses Kreuz aufmerksam, und erkannte, was dies für ein Schatz war. Die Mönche baten nun

Klosterinnenhof

dringend, Wunailda möge das Kreuz im Kloster lassen, damit man ihm die gebührende Ehrfurcht bezeige. Die fromme Frau konnte sich aber von dem Heiligtum noch nicht trennen; sie nahm das Kreuz weiter auf ihre Reise nach Zurzach mit. Als sie bis Erchingen gekommen war, erkrankte sie so heftig, dass sie dem Tode nahe schien. Hierüber erschreckt schrieb sie diese Krankheit dem Umstande zu, dass sie das Kreuz den frommen Mönchen verweigert habe. Sogleich schickte sie es ins Kloster zurück. Dort wurde es feierlich und mit großer Freude in Empfang genommen und in der St. Kilians-Kapelle auf den Altar der Mutter Gottes gestellt. In weitem Umkreis wurde es von da an verehrt.

Im unseligen Dreißigjährigen Krieg wurde es vor den Schweden gesichert und nach Günterstal, einem Frauenkloster in einem einsamen Tal bei Freiburg, gebracht. Man verschwieg jedoch den Klosterfrauen, welch großer Schatz ihnen anvertraut wurde. Dort blieb es 83 Jahre lang, und erst im Jahr 1738 fand der Prior Maurus Hummel heraus, wo das Kreuz sich befand. Dem Frauenkloster wurde zum Dank ein Teil des Partikels zum Geschenk gemacht und das Kreuz wieder auf die Reichenau zurückgebracht, wo man es in feierlicher Prozession empfing. Zudem errichtete man einen eigenen Blutaltar und einen kostbaren Tabernakel dafür. Heute noch wird am Montag nach dem Dreifaltigkeits-Sonntag das Heilige Blutfest gefeiert und unter Teilnahme einer großen Volksmenge eine feierliche Prozession zu Schiff um die Insel gehalten.

Nach Rolfus: Klänge aus der Vorzeit

Das Kloster auf der Reichenau ist nicht der einzige Ort, an dem eine Blutprozession durchgeführt wird. Es gibt auch Reiterprozessionen, sogenannte Blutritte. Diese Blutreliquien wurden im Mittelalter sehr geschätzt, denn man sprach den sterblichen Überresten Christi oder auch von Märtyrern übernatürliche Kräfte zu. Die Reichenauer Reliquie ist in der Schatzkammer des Münsters noch erhalten. Es ist ein kleines, aus vergoldetem Silber gearbeitetes Abtskreuz im byzantinischen Stil. Erchingen ist eine Ortschaft auf dem heutigen Gebiet der Stadt Frauenfeld in der Schweiz, Zurzach eine Gemeinde am Hochrhein, an der Grenze zu Deutschland. Bei Waltharius und Wunailda könnte es sich um Walter und Hildegund aus dem Walthari-Lied handeln.

Die Zerstörung der Burg Schopfeln auf der Reichenau

Die Ruinen dieser Burg stehen als Wahrzeichen im Untersee am Ostende der Insel, die von hier durch einen langen, fahrbaren Damm mit dem festen Land verbunden ist. Man kennt sie in der Gegend unter dem Namen »der Schopfeler Mauerstock.« Die Ruinen bilden ein längliches Viereck; die Umfassungsmauern sind aus unbehauenen Rheinwacken ausgeführt. Wegen dieser Bauart aus Findlingen wollen viele in lokalpatriotischem Bestreben, das alle alten Traditionen der Heimat retten möchte, der Burg, wie auch dem Dagobertsturm in Meersburg, ein sehr hohes Alter zuschreiben. Das ist ohne Berechtigung; denn es ist natürlich, dass man auf der Insel das nächstliegende Baumaterial, eben die Rheinwacken, verwendete, und dass sich deshalb die Übung, besonders Keller und Grundmauern mit Findlingen zu bauen, hier länger als an anderen Orten erhielt.

Die Burg diente schon von alters her der Bewachung des Zugangs zur Insel. Später sollen Ritter darauf gelebt haben. Unbekannt ist, ob die Burg vor 1312, in welchem Jahre Abt Diethelm sie wieder herstellen ließ, zerstört wurde oder ob sie zerfallen war. Diethelm, der wegen seiner Liebe zur Ordnung mit seinen Konventherren nicht im besten Einvernehmen stand, soll der Sicherheit halber seinen Aufenthalt hier und später bis zu seinem Ende im Jahre 1342 in dem festen Turm von Steckborn genommen haben.

Dreißig Jahre nach Diethelms Tod wurde die Burg zerstört. Feindseligkeiten des Bischofs von Konstanz, Heinrich von Brandis, mit den Bürgern der Stadt gaben die erste Veranlassung. Sieben Jahre dauerte die Fehde, in die auch die Vettern des Bischofs auf der Reichenau, Abt Eberhard und Probst Mangold von Brandis, hineingezogen wurden.

Eines Tages unternahm der Letztere mit zwei Begleitern eine Lustfahrt auf den See. Beim sogenannten Einhorn trafen sie einen Fischer von Petershausen, der die Grenze überschritten hatte und auf dem Gebiet des Klosters fischte. Sogleich befahl Mangold, auf ihn zuzufahren, ihn zu ergreifen und dem Unglücklichen die Augen auszustechen. Der Geblendete wurde von seinen Freunden in die Ratsstube von Konstanz gebracht, wo sein Anblick die Bürger so sehr erzürnte, dass sie mit Macht auf die Reichenau zogen und viele Gebäude zerstörten. Das war ums Jahr 1366. Seit dieser Zeit

Burg Schopfeln am Untersee

Kirchenportal des Klosters Petershausen

sollen von der Reichenau unter dem See verborgene Ketten gezogen worden sein, um beliebig die Schiffe ihrer Widersacher auf- und anhalten zu können.

Vier Jahre später wurden wieder fünf Fischer von Mangold geblendet. Abermals fielen die Konstanzer in die Au ein und zerstörten dieses Mal die Burg Schopfeln. Seither ist die Burg Ruine und mag es auch schon deshalb geblieben sein, weil die Eidgenossen förderhin keine Befestigungen auf der Insel mehr duldeten.

Nach Waibel: Badisches Sagenbuch

Fährt man über den Reichenauer Damm auf die Insel, fällt die Ruine zur linken Hand unbedingt auf. Vielleicht auch, weil sich dort einige Menschen tummeln. Man hat von dort einen guten Blick auf das Wollmatinger Ried und deshalb gibt es dort eine Beobachtungsplattform der Vogelwarte Radolfzell. Die Burg geht auf das 11. Jahrhundert zurück. Die Äbte des Klosters Reichenau haben sie erbauen lassen, um die Insel zu sichern. Der Abt Diethelm von Castell ließ sie 1312 neu erbauen, doch sie hatte kaum mehr als ein halbes Jahrhundert Bestand. Im sogenannten Konstanzer Fischerkrieg wurde sie zerstört.

Mainau

Die Insel Mainau, drittgrößte Insel im Bodensee, gehört zum Stadtgebiet von Konstanz. Seit 1974 ist sie im Besitz der gemeinnützigen »Lennart-Bernadotte-Stiftung.« Die Insel kann über eine Fußgängerbrücke oder mit einem Schiff der »Weißen Flotte« erreicht werden. Die Insel wird auch als »Blumeninsel« bezeichnet und entsprechend von Besuchern frequentiert.

Die Träne des Seraphs oder die Entstehung der Insel Mainau

Als einst die schöne Erde geschaffen ward,
Und der Gebirge Lasten sich türmeten,
Und in der heil'gen Luft der Vogel
Flatterte, leise sein Loblied zwitschernd;

Als in den Meeren Fische sich tummelten,
Und in der Wildnis tönte das erste Mal
Des Löwen Ruf, in stiller Eintracht
Jedes Geschöpf sich des Lebens freute:

Da sah der Menschheit Seraph erstaunend drauf,
Und freudig lächelnd preiset er Gottes Macht
Einstimmend in den Chor der Engel,
Welche erhoben des Schöpfers Güte.

Doch als aus toter Erde der erste Mensch
Erstund auf Gottes mächtiges Schöpferwort,
Da perlte an des Seraph's Auge
Dankend die heilige Zähr' der Freude.

Und sie entfiel ihm, fiel in den Bodensee,
Und blütenduftend tauchte die Mainau auf.
Und seither glänzt sie wie ein Demant
In des azurnen See's Fläche.

Im jungen Frühling bist du ein Blumenfeld,
Im Herbste glühet golden die Traub' auf dir.
O schönes Eiland! möchten immer
Tränen des Dankes dich sanft befeuchten.

Theodor Bilharz, 1840

Nach Lachmann: Überlinger Sagen

*Theodor Bilharz (*1825, †1862), der dieses poetisch-romantische Gedicht auf die Insel Mainau schrieb, war zu jener Zeit erst 15 Jahre alt. 1827 hatte der ungarische Fürst Nikolaus II. Esterházy de Galantha die Mainau erworben und damit begonnen, wertvolle Bäume und seltene Pflanzen dort anzupflanzen. Über seinen außerehelichen Sohn, Baron von Mainau, kam die Insel an die Erbin des Großherzogs Ludwig von Baden. Bilharz wuchs in Sigmaringen auf, interessierte sich schon früh für naturwissenschaftliche Studien, studierte schließlich Medizin, daneben aber auch Philosophie, Literatur, Kunstgeschichte, Archäologie,*

Philologie und noch einiges mehr. Nach seiner medizinischen Staatsprüfung im Jahr 1849 hörte er jedoch nicht mit dem Studium auf. 1850 wurde er zum Dr. med. promoviert. Noch im gleichen Jahr ging er nach Kairo, wurde dort Chefarzt und lehrte an der dortigen medizinischen Hochschule. Er erkrankte schließlich an Typhus und starb im Mai 1862.

Das Kruzifix bei der Mainau

Nachdem die Schweden im Dreißigjährigen Krieg die Insel Mainau eingenommen hatten, luden sie das Kruzifix und die beiden Schächer aus Erz, welche nahe der Insel im See standen, auf einen Wagen mit zwei Pferden und fuhren davon.

Am Berg von Litzelstetten kamen sie nicht mehr weiter, denn der Wagen war nicht mehr von der Stelle zu bringen. Zuletzt spannten sie zwölf Pferde davor, doch auch damit hatten sie keinen Erfolg. Sie ließen den Wagen nun mit seiner Ladung, aber ohne die Bespannung, stehen. Bauern aus der Gegend konnten den Wagen jedoch mit zwei Pferden ganz leicht zurückführen. Das Kruzifix nebst den Schächern wurde am vorigen Platz wieder aufgestellt.

Nach Baader: Volkssagen aus dem Lande Baden ...

Das sogenannte »Schwedenkreuz« steht nahe am Ufer und dem Steg, der zur Mainau hinführt. Eine Inschrift besagt, dass es aus dem Jahr 1577 stammt. Es zeigt eine in Bronzeguss ausgeführte Kreuzigungsgruppe mit Christus am Kreuz und den zwei Schächern. Letzteres ist eine alte Bezeichnung für Räuber und Verbrecher.

Die Jungfrau von Bodmann

Auf der lieblichen Insel Mainau im Bodensee stand die schöne züchtige Jungfrau von Bodmann am Ufer. Sie harrte auf ihren Geliebten, den wackeren Junker von Langenstein, der sie hier jeden Abend besuchte. Die junge Frau hatte die mit allen Reizen der Natur geschmückte Insel als Erbe erhalten und träumte von stillen, häuslichen

Freuden. Doch dieses Mal wartete sie länger auf den jungen Ritter. Er kam später als gewöhnlich, und sein Antlitz war umschattet von düsteren Gedanken. Besorgt forschte das liebende Mädchen nach der Ursache und erfuhr, dass der alte Herr von Langenstein plötzlich von der Gicht heimgesucht worden war. Nun sei er nicht mehr in der Lage, den Zug nach dem gelobten Lande mitzumachen, weshalb nun er als guter Sohn verpflichtet sei, das Gelübde des Vaters einzulösen.

Die Jungfrau war zunächst tief betrübt, fasste sich aber bald und sagte: »Der Himmel hat uns eine Prüfung zugedacht und wir dürfen uns ihr nicht entziehen. Lieb und Vertrauen soll unser Wahlspruch sein.«

Der junge Ritter wusste sich jedoch nicht so leicht zu fassen als seine Verlobte. Mit schwerem Herzen riss er sich von ihr los und trat seinen Zug an. Glücklich gelangte das Heer, zu dem er gehörte, nach Palästina. Hier tat er Wunder an Tapferkeit, ward aber in einem Scharmützel von den Türken gefangen und in einen finsteren Kerker geworfen. Viele Monde lang, fast ohne Hoffnung, auf andere Weise als durch den Tod erlöst zu werden, schmachtete er im düsteren Verlies. Wie oft flogen seine Gedanken auf den Flügeln der Sehnsucht aus dem Dunkel seines Gefängnisses hinüber nach der blühenden Mainau. Heiße Tränen füllten dabei sein Auge und er tat mancherlei Gelübde, falls er glücklich heimkehren sollte. Doch der Himmel schien taub gegen all seinen Jammer.

In einer stürmischen Nacht träumte er einmal, dass ein lichter Engel zu seinem Lager niederschwebte und mit freundlichem Lächeln sprach: »Gelobe, dich dem Dienst der Kirche zu weihen und du sollst bald deine Heimat wiedersehen.« Er gelobte dies mit feierlichen Schwüren, erwachte darüber und sah mit Staunen die Pforten seines Kerkers offen stehen. Nichts hinderte seine rasche Flucht, unangefochten erreichte er die Küste, wo eben ein venezianisches Kaufmannsschiff die Segel zur Rückkehr setzte und ihn aufnahm. Je näher ihm der Heimat Berge winkten, desto härter war der Kampf in seinem Innern, den er ausfechten musste. Er dachte an die sehnsüchtig wartende Geliebte, an die endlich gewährte Wonne des Wiedersehens. Doch eine dumpfe Stimme rief ihn plötzlich aus seinen Träumen wach: »Denk an dein Gelübde!«

Noch vor dem Ende der Reise hatte der Himmel über das Irdische in seiner Brust gesiegt.

Dann tauchte die liebliche Insel vor seinen Blicken auf. Schon sah er von fern am

Gestade eine weibliche Gestalt wandeln. Wer könnte es anderes sein als seine treue Verlobte? Kalte Schauer durchrieselten seine Glieder, doch riss er sich zusammen und befahl dem Schiffer, den Nachen zu einer andern Uferstelle zu lenken. Kaum gelandet, eilte er zu dem Komtur des Deutschen Ordens, der in der Nähe seinen Sitz hatte und bat um Aufnahme, die ihm auch unverzüglich gewährt wurde. Dann sandte er einen Boten nach der Mainau mit einem Brief, worin er alles erzählte, was ihn zu diesem Schritt bewogen hatte. Und er nahm Abschied von der Verlobten für diese Welt.

Stumm in das Geschick sich ergebend, nahm die Jungfrau diese Botschaft auf. Ihr Entschluss war bald gefasst. Sie trug ihre für sie nun verödete Mainau dem Deutschen Orden als Geschenk an, und zwar unter der Bedingung, dass Herr von Langenstein der Nachfolger des greisen Komturs sein sollte. Der Großmeister willigte dankbar ein und nun entließ die junge Freiin ihre gesamte Dienerschaft, nachdem sie unter diesen alles verteilt hatte, was sie an Gold und Kleinodien besaß. In die Einsamkeit eines Klosters sich bergend, vertauschte sie bald alle Gedanken an das Ufer ihrer Liebesträume mit der Wiege der Hoffnung, bald in der ewigen Heimat zu landen.

Nach Schnezler: Badisches Sagenbuch

Die Edlen zu Langenstein bekamen die Insel vom Kloster Reichenau als Lehen etwa um die Mitte des 13. Jahrhunderts. Bereits 1271 schenkten sie die Insel eigenmächtig an den Deutschen Orden, der zwei Söhne dieser Familie in den Orden aufnahm. Das Kloster Reichenau musste sich damit abfinden. Aus diesem realen geschichtlichen Hintergrund wird sich im Laufe der Jahrhunderte die Sage um die treue Maid von der Mainau entwickelt haben. Der fünfte Kreuzzug unter Friedrich II. fand in den Jahren 1228 bis 1229 statt. Es war der letzte einigermaßen erfolgreiche Kreuzzug. Alle späteren endeten mehr oder weniger in einer Katastrophe. Dieses Motiv passt zeitlich also nicht ganz in die Sage, liegt aber auch nicht so fern, als dass man es nicht hätte hineinkitten dürfen.

7. Das Nordufer

Die Nordseite des Überlinger Sees – etwa bis Meersburg – und des Obersees bildet bis auf den letzten Teil das deutsche Ufer. Die Sagen, die entlang dieser langen Uferstrecke verortet werden können, sind so zahlreich, dass die Auswahl nicht leichtfiel.

Überlinger See

Der nordwestliche Teil des Bodensees, der schmale »Finger«, der aus dem Obersee zeigt, wird Überlingersee genannt. Er reicht etwa von Bodman-Ludwigshafen bis Meersburg. Bei der Einteilung der Sagen zu diesem Buch habe ich die Sagen bis Bodman noch zum Bodanrück eingeteilt, weil Bodman eben noch am Südufer des Überlinger Sees liegt. Ab Ludwigshafen gehören die Sagen in diesem Buch zum Überlingersee.

Die Nellenburg

Westlich von Stockach auf einem Ausläufer des Nellenburger Berges stand einst die Nellenburg. Dort thronte in alten Zeiten ein mächtiges Grafengeschlecht, das zu den angesehensten und reichsten in Oberschwaben gehörte, mit den Zollern und den Grafen von Württemberg verwandt war, und der ausgedehnten Landgrafschaft Nellenburg den Namen gab. Die Grafen selbst sollen dem Stamm der Burkharde, Herzöge von Allemannien, entsprossen sein.

Über die Entstehung der Nellenburg erzählt man sich Folgendes: Als Gunzo, Herzog von Allemannien, im 7. Jahrhundert in Überlingen seinen Sitz hatte, wurde dessen Tochter Fridiburga durch den Heiligen Gallus von einer schweren Krankheit geheilt, worauf Gunzo selbst Christ wurde und das Christentum unter seinem Volk auszubreiten half. Um diese Zeit befand sich an seinem Hof ein Graf namens Gangolf, ein vortrefflicher junger Mann von hoher Bildung, der ebenfalls Christ und eifrig seiner Religion zugetan war. Gangolf begab sich eines Tages auf die Jagd, verirrte sich aber im dichten Forst. Endlich schimmerte ihm auf einer Anhöhe durch das Laub ein Feuerschein entgegen. Er ging darauf zu und sah um einen brennenden Holzstoß eine Schar Männer mit Druiden herumstehen, die dem Harfenspiel und Trauergesang einer Jungfrau lauschten. Es war, so erkannte der Jüngling sofort, eine heidnische Totenfeier. Von heiligem Eifer ergriffen, stürzte er mit gezücktem Schwert in diese Versammlung, wurde jedoch überwältigt, gefesselt und in die nahe Burg geschleppt, wo er drei Tage eingekerkert lag. Am vierten Tag kam er vor Gericht.

Im Kreis der Edlen saß auf erhöhtem Stuhl eine holde Jungfrau in weißem Gewand, mit wallenden Haaren, in der Hand einen Lindenzweig, das Antlitz schmerzbewegt. Die Richter verurteilten den Jüngling zum Tode. Mit feierlichem Ernst aber sprach die Jungfrau: »Fremdling! Du hast die Asche meiner Eltern entweiht, die der Tod mir an jenem Tage raubte. Du hast Gewalt gegen Friedfertige ausgeübt. Du bist ein Christ, ein Feind meiner Götter, und nun in meiner Gewalt. Ich könnte dich bestrafen und Vergeltung üben. Aber ich will entsagen«, und sie verkündete dann, sich erhebend: »Nella verzeiht dir, ziehe hin in Frieden. Du bist frei!«

Doch Gangolf zog nicht fort, denn sein Herz war in Liebe zu der schönen Jungfrau entbrannt. Zugleich fühlte er, dass auch sie ihm geneigt war. Wohl machte er sich Vorwürfe, dass er seine Liebe einem Heidenmädchen schenkte, und wollte trotz allem fortziehen. Allein, er konnte sich nicht so einfach losreißen. Als er ihr endlich seinen festen Entschluss mitteilte, zur herzoglichen Burg nach Überlingen zurückzukehren, da erzählte ihm Nella, es sei ihr im Traum ein Jüngling erschienen, der zu ihr sagte: »Du wirst durch mich Christin und Gangolfs eheliches Weib werden.« Gangolf erklärte ihr, dass dieser Jüngling ein Engel des wahren Gottes gewesen sein muss, und erkannte in diesem Traum einen Wink des Himmels. Er blieb deshalb in der Burg

Die Ruine der Nellenburg

zurück und unterrichtete sie im Christentum. Sie ließ sich dann zu Überlingen in einem Bächlein taufen. Nun heiratete Gangolf sie und wurde damit Herr ihrer Güter. Die Burg ließ er alsbald umbauen und vergrößern und nannte sie zu Ehren seiner Gemahlin »Nellenburg.«

Während der Bauarbeiten hatten sich die Neuvermählten nach Überlingen an den Hof Gunzos begeben, wo sie aufs liebenswürdigste aufgenommen wurden und Nella an dessen fromme Tochter Fridiburga, die später Äbtissin im Kloster St. Peter zu Metz wurde, eine treue Freundin fand. Nella und ihr Gemahl lebten nun auf ihre Burg zurückgekehrt, ein gottseliges Leben in Gottesfurcht und Werken der Nächstenliebe, und nachdem Nella, reich an Tugenden und Nächstenliebe, in das ewige Leben eingegangen war, widmete Gangolf sich ganz der Verbreitung der christlichen Lehre, leuchtete allen voran in Tugend und Weisheit, und wurde nach seinem Tode als Heiliger verehrt. Seine aus der Ehe mit Nella entsprossenen Söhne aber wurden die Stammhalter der Landgrafen von Nellenburg.

Nach Lachmann: Überlinger Sagen ...

In dieser Sage vermischt sich einiges. Die Nellenburg ist eine frühmittelalterliche Burg, die vermutlich bereits im 10. Jahrhundert bestanden hat. Besitzer waren die Grafen von Nellenburg. Graf Burkard von Nellenburg (†1101) verlor infolge des Investiturstreits Burg und Grafschaft. Diese ging an den Neffen und im 12. Jahrhundert durch Heirat an die Grafen von Veringen, die immer noch zur Linie der Nellenburger gehörten. Auch Stockach gehörte zur Grafschaft, ging aber Mitte des 15. Jahrhunderts an die Habsburger. Bereits im 16. Jahrhundert war die Burg in keinem guten Zustand mehr, im Dreißigjährigen Krieg litt sie weiteren Schaden. Es wurden danach aber einige Gebäude in der Burg wieder aufgebaut, außerdem auch ein Wohngebäude außerhalb der Nellenburg, später die »junge Nellenburg« genannt. Gegen Ende des 18. Jahrhunderts riss man die baufällige Burg komplett ab und verwendete die Steine in der Region beim Straßen- und Brückenbau. Wenige Reste der Mauer sind heute noch zu finden. Die »junge Nellenburg« wurde lange als Hofgut benutzt und ist heute noch als Gasthaus mit Wohnungen erhalten. Die in der im 7. Jahrhundert verorteten Sage genannte Burg kann kaum mit der späteren Nellenburg identisch sein. Möglich, dass es sich um Vorgängerbefestigungen auf dem Bergsporn gehandelt hat.

*Der in der Sage genannte Gunzo war ein alamannischer Herzog, der im späten 6. Jahrhundert geboren wurde. Seine genauen Lebensdaten sind nicht bekannt, allerdings lud er 635 zu einer Synode nach Konstanz ein und leitete die Wahl des neuen Bischofs. Auch seine Tochter Fridiburga ist belegt. Sie war mit dem fränkischen König Sigisbert III (*630, †656) verlobt. Als sie erkrankte, schickte Sigisbert den Wandermönch Gallus, der sie der Legende nach heilte. Deshalb wollte Gunzo ihn auf der Synode zum Bischof wählen lassen, was Gallus aber ablehnte. Gallus avancierte jedoch zum Heiligen, der im gesamten Bodenseeraum* *verehrt wurde. Fridiburga wurde nach Metz gebracht, wo sie Sigisbert heiraten sollte. Sie flüchtete in die Kirche St. Stephan und Sigisbert verzichtete auf die Ehe. Fridiburga wurde Nonne und später Äbtissin. Insofern sind die Angaben der Sage korrekt.*

Etwas problematischer wird es mit dem jungen Gangolf, der später Heiliger geworden sein soll. Dazu müsste er allerdings ein langes Leben gehabt haben, denn der Heilige Gangolf lebte zurzeit König Pippins, also im 8. Jahrhundert, zumindest wenn man den Legenden aus dem 10. Jahrhundert glaubt, denn in Dokumenten jener Zeit wird er nicht erwähnt. Auch variieren die Sagen beim Namen des Jünglings. In anderen als der hier benutzten wird er Graf Mangold oder Eppo genannt. Ein Graf Eppo lässt sich im 9. Jahrhundert verorten. Er wird im Zürichgau erwähnt. Aus seinen Nachfahren soll die Linie der Nellenburger Grafen entstammen. Die Sage verweist also deutlich in eine frühere Zeit als in die des Nellenburger Adelsgeschlechts.

Die Alamannen waren eine Bevölkerungsgruppe, die bereits aus antiken Zeiten bekannt war, vorwiegend im süddeutschen und deutschweizerischen Raum siedelten, außerdem im Elsass und Vorarlberg. Kulturell integrierten sie sich zwischen dem 6. und 9. Jahrhundert in das fränkische Reich. Die Alamannen verehrten die germanischen Gottheiten, weshalb der Verweis auf die Druiden wenig glaubhaft ist. Die Blütezeit der Kelten war spätestens mit dem Niedergang des Römischen Reichs vorbei.

Der Spuk im Gewann Hangen bei Ludwigshafen

Zwischen Ludwigshafen und Bodman dehnt sich vom Seeufer bis gegen das Dorf Espasingen ein sumpfiger Landstrich aus, die den Gewannnamen »Hangen« führt. Sie wird von der Stockacher Aach, die hier in den See mündet, durchflossen. Über diesen Bach führt eine Brücke, die sogenannte Hutbrücke. Der Name Hangen soll daher rühren, weil ehedem bei der Brücke der Galgen gestanden haben soll. Deshalb ist es auch in diesem Gelände nicht geheuer; allerlei Spuk soll dort umgehen.

Eines Abends kletterte einmal ein Knabe aus Ludwigshafen auf einen der Nussbäume, die dort am Ufer standen, um Nüsse zu sammeln. Während er auf dem Baume saß, kam über das Feld her eine weiße Gestalt, in weißem Gewande und in weißem

Pfahlbauten bei Unteruhldingen

Strohhut, ging dreimal um den Baum herum und dann wieder zurück über das Feld. Dem Knaben war das zu unheimlich. Er ließ die Nüsse im Stich, sprang rasch vom Baum herunter und rannte nach Hause. Ein anderes Mal wollte nachts bei Mondschein ein Jäger in einem Entenstand, den er hier am Ufer errichtet hatte, Enten schießen. Aber es kam ein Fuchs über das Feld daher, lief immer am Ufer hin und her und ließ so die Enten nicht näherkommen. Da schoss der Jäger auf den Fuchs, der alsdann plötzlich verschwunden war. Folgenden Tags, so erfuhr der Jäger, hat man im benachbarten Bodman einer alten Frau, die allgemein als Hexe angesehen wurde, Schrotkörner aus dem Leib schneiden müssen.

Nach Waibel: Badisches Sagenbuch ...

Heute liegt in diesem Gebiet das Naturschutzgebiet Bodman-Ludwigshafen und über den Weg von Bodman nach Ludwigshafen kann man ohne Spukbelästigung gehen. Die Stockacher Ach, der Hauptzufluss für den Überlinger See, fließt nach wie vor durch dieses Gebiet. Das Mündungsdelta ist für seinen Vogelreichtum bekannt. Bereits seit dem Neolithikum wurde in diesem Gebiet zwischen Bodman und Ludwigshafen gesiedelt. Prähistorische Pfahlbauten wurden dort gefunden. Wie solche ‚Siedlungen im See' ausgesehen haben könnten, lässt sich in Unteruhldingen besichtigen. Die Bezeichnung »Gewann« ist typisch für den süddeutschen- und schweizerischen Raum. Sie wurde genutzt für Flurstücke zur Zeit der Dreifelderwirtschaft. Nach Einführung der Fruchtwechselwirtschaft und Aufhebung des Flurzwangs war diese Bezeichnung nicht mehr nötig. Sie hielt sich aber noch mancherorts.

Hildegard von Hohenfels

Hinter dem am See gelegenen Dorfe Sipplingen erhebt sich ein hoher Berg, auf dessen Gipfel in alter Zeit eine stolze Burg stand. Hier war der Sitz des berühmten Rittergeschlechts von Hohenfels, dem auch der Minnesänger Burkhard von Hohenfels entstammte. Längst ist die Burg zerstört, das einst weithin herrschende Rittergeschlecht seit Jahrhunderten ausgestorben.

Der letzte Sprössling desselben war Fräulein Hildegard, welche einen missgestalteten Kopf mit einem Schweinsrüssel hatte. Sie soll deshalb aus einem goldenen Tröglein gegessen haben. Was aber die Natur ihr an körperlichen Vorzügen versagt hatte, gab sie ihr umso reichlicher an Edelsinn und Tugend. Das Burgfräulein Hildegard war die Wohltäterin der ganzen Gegend und unterstützte namentlich die unten am See wohnenden Ansiedler auf jede Weise. Sie gab ihnen täglich ihre Suppe oder »Süpple«, woher auch der Name Sipplingen herstammen soll; denn ursprünglich hieß es, wie noch in Stumpfs Chronik von 1586 geschrieben, Süpplingen. So tat Hildegard den Sipplingern nicht bloß während ihres ganzen Lebens alles Gute, sondern vermachte ihnen auch noch durch letzte Verfügung den größten Teil ihrer Besitzungen als Gemeindeeigentum. Sogar die benachbarten Überlinger erhielten von ihrem Reichtum ein schönes Stück. Das ging folgendermaßen zu: Noch zu Lebzeiten Hildegards hatten die

Burg Hohenfels

Überlinger mit den Sipplingern verabredet, dass sie gemeinsam nach Hohenfels gehen und Fräulein Hildegard bitten wollten, beiden Orten etwas zu verschreiben. Als nun die Stunde gekommen, warteten die Sipplinger vergebens auf die Überlinger; denn diese waren bereits auf der oberen Straße, über Nesselwangen und Bondorf, nach Hohenfels gegangen und so den Sipplingern zuvorgekommen. Hildegard hatte ihnen deshalb auch bereits die zwei herrlichsten Wälder übertragen, nämlich die Gewanne Eisenholz und Schnorrenberg. Als die Sipplinger nun eingetroffen waren, schenkte ihnen das Burgfräulein sämtliche Güter um Sipplingen und Hohenfels, die ihr gehörten. Die Verschreibung erfolgte im Jahre 1540

Noch jetzt halten die Sipplinger das Andenken Hildegards in hohen Ehren. Alljährlich wird in der Kirche am 14. August ihr Gedächtnis durch eine heilige Messe gefeiert. Bei der Austeilung des Gabholzes Ende Dezember oder Anfang Januar wird derselben ebenfalls öffentlich gedacht, indem der Bürgermeister von Sipplingen im Rathaussaale die versammelten Bürger auffordert: »Lasset uns noch unserer Wohltäterin, der Gräfin Hildegard von Hohenfels, im Gebet gedenken!«, worauf fünf Vaterunser von allen Anwesenden laut gebetet werden.

Nach Waibel: Badische Sagen …

Burg Hohenfels wurde vermutlich im 12. Jahrhundert von den Herren von Hohenfels erbaut. Später teilte sich die Familie und erbaute eine neue Burg Hohenfels etwa acht Kilometer östlich von Stockach nahe dem Dorf Kalkofen. Zur Unterscheidung spricht man von Alt- und Neu-Hohenfels. Ob es eine Hildegard von Hohenfels gegeben hat, ist nicht sicher zu ermitteln. Der Minnesänger Burchard von Hohenfels ist aber belegt. Karl August Barack hat bereits 1870 nach Sichtung zahlreicher alter Urkunden und Dokumente verschiedene Burchhard (oder Burkart) von Hohenfels ermitteln können, inzwischen geht man aber davon aus, dass es einer aus dem 13. Jahrhundert war, weil seine Texte, die vor allem im Codex Manesse nachgewiesen sind, in diesen Zeitraum passen. Das Dorf Sipplingen entstand zwischen dem 6. und 8. Jahrhundert. Die Gegend war aber schon in der Steinzeit als Siedlungsort sehr beliebt.

Der Geist der Gunzoburg

Eine der frühesten Keimzellen des Christentums am Bodensee war Iburningä, eine allamannische Ansiedelung, am nördlichen Ufer des Sees gelegen und auf Felsen gegründet. Wie es scheint, war sie damals, Anfang des 7. Jahrhunderts, der Mittelpunkt der fränkischen Regierung dieser Gegend. Ein christlicher Frankenherzog Allamanniens namens Gunzo, hochgeehrt am fränkischen Hofe, hatte dort seinen Wohnsitz.

In der Oberstadt Überlingens, dem sogenannten Dorf, steht ein altes Haus, welches die »Burg« heißt; denn der Alamannenherzog Gunzo soll dort gewohnt haben.

Über dem Tor des Hauses ist noch jetzt das Bild eines geharnischten Ritters zu sehen mit der Inschrift: »In dieser Burg residierte im Jahre 641 Gunzo Herzog von Schwaben und Allemanien.« Jetzt gehört das Haus einem Landwirt. In früheren Zeiten erschien den Hausbewohnern bisweilen ein großer schwarzer Ritter mit geschlossenem Visier. Er kam plötzlich und verschwand ebenso schnell wieder. Auch manchen Leuten, welche hinter dem Haus das sogenannte »Burggäßchen« hinaufgingen, begegnete der Ritter. Er verfolgte sie oft und warf sie in den Stadtgraben hinab. Als aber unter die Dachtraufe an der unteren Hausecke gegen das Gässchen ein Kreuz unter Ziegelsteinen vergraben worden war, konnte der Geist nicht mehr herunterkommen. Im Hause jedoch zeigte er sich noch von Zeit zu Zeit. Vor etwa fünf Jahren kam er abends in das Zimmer, wo die hochschwangere Frau des Hausherrn bereits zu Bette lag. Die Tür öffnete sich geräuschlos, ein schwarzer, gewaltig großer Ritter mit unkenntlichem Gesichte trat herein, in der Hand ein Kohlengefäß, aus welchem Feuerfunken sprühten. Nachdem er im Zimmer umhergegangen war, beugte er sich über das Bett der Frau und schüttete das Flammengefäß aus, sodass sich das Feuer über das Bett ergoss, ohne jedoch den geringsten Schaden anzurichten. Die Frau aber brachte bald darauf ein Kind mit schwarzen Brandmalen zur Welt.

Nach Schnezler: Badisches Sagen-Buch und Lachmann: Überlinger Sagen …

Die sogenannte Gunzoburg ist ein Patrizierhaus, das nicht vor dem 13. Jahrhundert erbaut worden sein kann, vermutlich später. Genaue Lebensdaten zu Gunzo existieren nicht (siehe dazu auch die Sage »Die Nellenburg.« Urkundlich wurde Überlingen erstmals Ende des 8. Jahrhunderts als Iburinga villa publica erwähnt. Die heutige Altstadt am See entstand erst um das Jahr 1000. Das Marktrecht bekam der Ort 1180, das Stadtrecht im Jahre 1211. Ende des 14. Jahrhunderts wurde Überlingen Reichsstadt und gehörte ab 1500 zum Schwäbischen Reichskreis.

Schatzgräber in Owingen und Bambergen

Westlich des Dorfes Owingen reicht ein bewaldeter Höhenzug bis dicht an den Ort heran. Einer dieser Waldberge heißt »Schlossbühl«, denn auf seinem Gipfel soll früher ein Schloss gestanden haben. »Darauf haben Raubritter gehaust«, erzählte der Alte dem Reisenden, der ihn nach einem Gasthof gefragt hatte. Als der Reisende in die Richtung des weisenden Fingers schaute, ergänzte der Alte: »Jetzt ist nichts mehr davon zu sehen. Aber ein Schatz soll dort vergraben sein.« Die Neugierde des Reisenden steigerte sich. »Ein Schatz? Wohl von den räuberischen Rittern? Und man hat den noch nicht gehoben?« Der Alte lachte: »Einst wollten einige Leute den Schatz heben; sie gruben und gruben, bis sie auf eine Kiste kamen, auf welcher eine schwarze Katze saß.« Der Reisende staunte: »In der Grube, die sie gerade ausgehoben hatten?« Der Alte nickte. »Ging ja auch nicht mit rechten Dingen zu. Da sagte einer von den Schatzgräbern: So, jetzt haben wir's – und schon waren Kiste und Katze verschwunden.« »Nicht möglich«, sagte der Reisende enttäuscht und schaute sich nach einer Bleibe umher. »Sie hätten eben kein Wort sprechen sollen«, wusste der Alte. »Einmal sah ein Jägerbursche auf dem Gipfel bei der ehemaligen Burg sehr schöne Tannenzapfen liegen und nahm sie zum Spiel für seine Kinder mit. Am anderen Tage waren die Tannenzapfen lauter Gold.«

»Was redst du da wieder, Alter«, sprach ein vorübergehender Mann. »Erzählst Fremden deine Schauergeschichten? Was sollen die Leute über Owingen denken?« Der Alte lächelte. »Das es den Ort schon seit alters her gibt und das man aus alten Zeiten viel erzählen kann.« »Aber diese ganzen Geschichten über Schätze und Geister, das will doch heute keiner mehr hören.« »Im Gegenteil«, sagte der Alte, »die meisten sind ganz versessen drauf. Letzens habe ich einem von dem Schatz in Bambergen erzählt und er ist gleich in der Nacht mit einer Laterne hinüber, um nachzusehen.« »Von einem Schatz in Bambergen höre ich zum ersten Mal. In diesem Ort gibt es doch nicht einmal eine Burg.« Der Alte schüttelte den Kopf. »Ehemals war Bambergen im Besitz des Rittergeschlechts Stadgun, von dem es 1352 das Spital Überlingen kaufte. Da wo jetzt das Schulhaus ist, stand das Ritterschloss mit Turm, ringsum von Wasser umgeben. Auch ein Ritterfräulein soll dort gewohnt haben, von der man aber nicht mehr viel weiß. Mit der Zeit zerfiel die Burg und wurde schließlich ganz abgebrochen. Die Mauersteine verwendete man für die Häuser und den Weiher legte man trocken.« »Sieh an, das habe ich nicht gewusst«, sagte der Mann. Der Alte erzählte weiter: »Auf diesem Platz soll ein Schatz begraben sein und von einem Geist bewacht werden. Von dem gegenüberliegenden Haus sah man oft frühmorgens ein Lichtlein über dem Platz. Es soll dies der Schatz bewachende Geist sein. Man hat schon oft gesucht und nichts gefunden.« »Das wundert mich nicht«, sagte der Mann skeptisch. »Ich weiß auch warum«, erwiderte der Alte spitzbübisch lächelnd. »Nach meinem Wissen stand das Schloss an der Stelle der Klotz'schen Schmiede. Dort muss gesucht werden.«

Nach Lachmann: Überlinger Sagen

Den Schlossbühl von Owingen zu finden, war gar nicht so einfach. Als Lachmann die Sage nach mündlichen Erzählungen aufschrieb, wusste niemand mehr, wo es gelegen haben soll. Franz Bohnstedt spürte ihm nach und entdeckte im Waldgewann »Eggen« einen tiefen Graben, der sich als »Halsgraben« der ehemaligen Burg herausstellte.

Tatsächlich befand sich zur Zeit der Merowinger in Bambergen eine Burg, möglicherweise dort, wo das spätere Wasserschloss Bambergen, nämlich an der Stelle des späteren Schul- und Rathauses, gestanden haben soll. Erstmals erwähnt wurde die Burg Mitte des 14. Jahrhunderts. Der endgültige Abriss der Mauerreste fand 1820 statt.

Ob es sich noch lohnt, an beiden Stellen nach Schätzen zu graben, muss jeder für sich selbst entscheiden. Dass im Erfolgsfall der Schatzfund dann aber nicht dem Finder gehört, sollte inzwischen bekannt sein. Eine Meldung bei der Behörde ist unerlässlich.

Der Spuk im Unteruhldinger Streuried

In Unteruhldingen«, erzählte der Alte dem Wanderer, als er ihn in der Gaststube wiedertraf, »ist es von jeher nicht geheuer gewesen. Wenn es irgend möglich ist, vermeiden Sie es, abends oder nachts dorthin zu gehen.« Der Wanderer wollte sich nicht wieder auf solch ein Gespräch einlassen und versuchte, abzulenken. »Ach wo, ich bleibe immer auf dem Weg und gehe nicht von diesem ab.«

Doch der Alte schüttelte den Kopf. »Das sumpfige Wiesengelände, das von der Aach durchflossen und bei Hochwasser überschwemmt wird, gegen Seefelden hin, das hier alle Streuried nennen, weil in diesem Boden mehr Riedgras und Schilf als gutes Gras gedeiht, da steckt die Ursache drin. Hier war es früher nicht geheuer und ist es heute nicht. So ging einmal der Pächter der Seejagd abends auf den Anstand auf Wildenten. Er war noch nicht lange auf dem Platze, da hörte er im Rohr ein Knistern und Krachen, als ob alles zusammenbrechen würde; der Jäger glaubte zuerst, es könnte ein Kollege von ihm sein, und rief ihn, erhielt aber keine Antwort. Als das Geräusch nicht nachgab, meinte er, der Anstand sei für diese Nacht nichts, und wollte nach Hause gehen. Als er nun weiter ins offene Land hinausging, sah er etwas auf der Straße, konnte aber nicht unterscheiden, was das war. Auf einmal bewegte es sich vorwärts und wurde immer größer, dass es zuletzt wie ein großes Fass aussah. Es blieb mitten auf der Straße stehen, dort, wo er vorbeigehen sollte. Zurück wollte der Mann nicht und schritt nun vorwärts, um zu sehen, was es sei. Aber plötzlich war es verschwunden. Nicht weit von dieser Stelle war ein langer, hagenbuchener Zaun voll dürren Laubes, an dem er vorüber musste. Da sah er im Hag ein kleines Licht, und als er näher dazu kam, stand der ganze Hag in Flammen. Er deckte das Haupt mit dem Ärmel, um Gesicht und Hände vor dem Verbrennen zu schützen. Am anderen Morgen ging er in aller Frühe zu dem Hag, in der Meinung, derselbe müsste ganz abgebrannt sein. Doch man sah keine Spur von dem Feuer. Derartige Geschichten gibt es zu diesem Streuried gar manche. Auch in der Fastenzeit konnte man alle Abende Lichter den Bach entlang hin- und herfahren sehen. Niemand wollte darum um diese Zeit jene Gegend passieren. Selbst herzhafte Leute kehrten verschreckt um.«

Meersburg am Bodensee

»Ich werde mich hüten, auf Entenjagd zu gehen«, lachte der Wanderer.

»Es reicht, dass Sie dort überhaupt entlang gehen«, sagte der Alte. »Einmal ging auch in der St. Nikolausnacht eine Frau von Unteruhldingen heim nach Seefelden. Da gesellte sich am Aacher Steg ein großer schwarzer Mann mit Geißfüßen zu ihr und ging neben ihr her, ohne ein Wort zu sprechen. Auch die Frau, welche sich sehr fürchtete, redete kein Wort. Er begleitete sie bis an ihr Haus, in das sie rasch hineinsprang.

Bisweilen wurde auch ein Mann ohne Kopf hier gesehen, aber auch eine weiße Gestalt, welche aber jeweils am Aachsteg verschwand.«

Der Wanderer zog am nächsten Morgen schon während der Dämmerung weiter. Scheu sah er sich immer wieder um, ob ihm etwas Unheimliches begegnen würde. Doch er kam unbeschadet gegen Mittag in Unteruhldingen an. Nach einer kleinen Mittagsrast beschloss er, bis Meersburg weiterzuziehen. Sicherheitshalber.

Nach Lachmann: Überlinger Sagen ...

Sagen über Lichterscheinungen und Brände, die zu keinem Schaden führen, gibt es auch andernorts. Nicht selten sind diese mit Moor- und Sumpfgebieten, Feuchtwiesen oder Schilfgürtel verbunden. Im Volksmund ist von Irrlichtern die Rede, die sich aber nicht nachweisen lassen. Andere Phänomene können aber möglicherweise solche Eindrücke erzeugen, so etwa die Entzündung von Faulgasen, die in Moor- und Sumpfgebieten durchaus entstehen können, Glühwürmchen in Sommermonaten oder Kugelblitze, die zwar selten sind, aber durchaus vorkommen. Die Sage mit dem »Fass« könnte auf so etwas hindeuten. Ein »Hag« ist ein durch eine Hecke eingefriedetes Gelände. Der Begriff wird überwiegend im Südwestdeutschen und Schweizerdeutschen verwendet. Er leitet sich vom germanischen »haga« ab, was Umzäunung bedeutet.

Das große Fass im Klosterkeller von Salem

Haben Sie vielleicht schon den schönen Keller der ehemaligen Zisterzienserabtei Salem besucht, den die Sorgfalt seiner großherzoglichen Hoheit des Markgrafen Wilhelm mit edlen Sorten des Seeweins zierte, von dessen Vorzüglichkeit man sich früher keinen Begriff machen konnte? Nein? Dann sollten Sie das nachholen. Es wird ihnen da wohl auch das große Fass gezeigt und angegeben, um wie viele Fuder dieser Kellerriese einst größer gewesen sei.

Aber derjenige, der das erzählt, hat wohl schon manches graue Haar, und will, etwa von einem alten Laienbruder oder ehemaligen Studenten der Reichsabtei gehört haben, dass es um die Frohnfasten oder in der Adventszeit nicht richtig im Keller zugehe und dass nicht etwa eine neugierige Ratte, sondern ein leibhaftiges Gespenst in den Winkeln wie auf Sandalen umherschleiche und an den Reifen des Fasses kratze. Die Geschichte des Gespenstes aber ist folgende.

Zur Zeit, als der Abt von Salmannsweiler noch nicht gnädiger Herr hieß, sondern ehrwürdiger Vater, war der Pater Großkellner eine fast ebenso angesehene Person als der Prälat; denn einen guten Wein trank jeder Mönch gerne, vom Novizen bis zum Prior. Da baute einmal ein Pater Großkellner ein Fass, so groß, dass man den Keller erweitern musste, um es unterzubringen, und füllte es mit den Zinsweinen des besten Jahrganges, der seit langer Zeit erlebt wurde. Nur an hohen Festtagen füllte er daraus die steinernen Krüge der Mönche. Doch die Schlüssel zum Keller trug er stets sorgfältig bei sich.

Da traf sich's einmal, als er fest schlief, dass ein trinklustiger Mönch ihm den Schlüssel vom Gürtel löste und abdrückte in gestohlenem Kirchenwachs. Danach machte er einen Dietrich und schlich nach der Mette oft in den großen Keller, während seine Mitbrüder das harte Lager suchten. Der untreue Mönch erlabte sich stattdessen an Gott Bacchus Gaben.

Doch einmal fand er, vielleicht weil der Großkellner Argwohn hatte, den Hahn durch einen Zapfen ersetzt, den er nicht drehen konnte. Da nahm er eine Leiter, stieg zu dem Fass hinauf und siehe – bei dem ungeheuren Spundloche war der Verschluss nur angelehnt. Der Mönch öffnete es und zog mit einem Heber so viel von dem köstlichen Nass in sich, dass ihm schwindlig wurde. Er stürzte hinab und fand im Fass sein Grab. Nach einigen Tagen verwunderte sich der Pater Großkellner über das offene Spundloch; dachte aber kaum mehr an den Mönch, weil er als entsprungen galt. Doch als er mit der Stange sondierte, um zu sehen, wie viel noch Wein in dem Fasse, stieß er auf den weichen Körper des Mönchs. Da erfasste der Geizteufel seine Seele, und damit nicht das schöne große Fass als verunreinigt ausgeschüttet werde, zog er den ersoffenen Trunkenbold heraus und begrub ihn heimlich. Erst auf dem Sterbebett gestand er seine Schuld. Bevor er aber die Stelle bezeichnen konnte, wo er den ertrunkenen Mönch vergraben hatte, lähmte der Tod seine Zunge. Ruhelos wandert er seitdem dort im Keller herum, bis ein Zufall des Mönches Grab entdeckt und ihm ein ehrliches Begräbnis zuteil wird.

Nun ja, nicht alle glauben diese alte Mär. Schon vor drei Jahrhunderten stellte ein Gelehrter diese Geschichte a priori in Abrede und meinte, sie sei aus dem Scherz entstanden, und dass vielleicht der Spund die Gestalt eines Mönches gehabt und in das Fass gefallen sei. Freilich lässt sich dagegen einwenden, es dürfte leichter sein, dass ein Mönch durch ein großes Loch hinabstürze als ein Spund in sein eigenes Fass.

Nach Schnezler: Badisches Sagen-Buch

Es heißt, das Frowin, der erste Abt von Salem, Bernhard von Clairvaux noch persönlich gekannt haben soll. Dieser bedeutende Zisterzienserabt ist jedoch nie in Kloster Salem gewesen. Das Kloster wurde zu Beginn des 12. Jahrhunderts gegründet. In der Nacht des 9. März 1697 brannte das Kloster vollständig ab und wurde danach zu einer prächtigen barocken Klosteranlage neu aufgebaut. Im Zusammenhang mit der Säkularisation nahm der Markgraf Karl Friedrich von Baden das Kloster im Dezember 1802 offiziell für die Markgrafschaft Baden in Besitz. 1804 wurde das Kloster Salem geschlossen. Es wurde nun als Schloss genutzt und diente der großherzoglichen Familie als Sommersitz. Es verblieb auch nach dem Ende des Ersten Weltkriegs im Privatbesitz der Familie von Baden. 1920 eröffnete der Pädagoge Kurt Hahn auf Einladung von Max von Baden im Klostergebäude eine Reformschule. Das Internat Schule Schloss Salem gilt heute als eine der renommiertesten Privatschulen Deutschlands. Im Jahr 2009 verkaufte Bernhard Prinz von Baden Schloss Salem sowie die dazu gehörende Kunstsammlung an das Land Baden-Württemberg, behielt aber Teile des Schlosses, das bis heute von der Familie noch bewohnt wird.

Weinbau wurde in Salem seit jeher betrieben und auch heute führt das Weingut Markgraf von Baden diese Tradition der Zisterzienser fort. Eine große Weinpresse, der sogenannte Torkel, und der Weinkeller sind zu besichtigen. Dass Sie dabei ein übergroßes Fass finden und dem geisternden Mönch begegnen, ist jedoch eher unwahrscheinlich. mit Fronfasten wurde Zeiten, die an bestimmte Feiertage gebunden waren, bezeichnet: jeweils Mittwoch bis Samstag nach dem Sonntag Invocavit (Erster Fastensonntag der Passionszeit), nach Pfingsten oder vor Trinitatis, nach Crucis (14. September) sowie nach Luciae (13.12.)

Das neue Schloss von Meersburg

Das arme Geigerlein von Meersburg

Vor vielen hundert Jahren stand am Weihnachtsabend kurz vor Mitternacht bei starkem Schneegestöber ein Mann vor dem Obertor von Meersburg, dessen Kleidung auf keine großen Reichtümer schließen ließ. Er trug eine Geige unter dem Arm und bat müde um Einlass. Der schwarze Tod – die Pest – hatte seine ganz Familie hinweggerafft und so stand der Musiker einsam und ohne Angehörige in der Welt. Man ließ ihn ein und der Geiger eilte zunächst planlos durch die alten Gassen. Schließlich gelangte er in die Stadtkirche, in der eben die Christmette abgehalten wurde. Es zog ihn hinauf zur Orgelempore, vergessen waren plötzlich Hunger und Not, und jäh lösten sich die halberstarrten Finger. Leise ließ das Geigerlein sein Instrument mitklingen und merkte nicht, dass die Stimmen in der Kirche immer mehr verstummten und selbst der Organist andächtig dem himmlischen Spiel lauschte, das aus der Geige des armen Musikus quoll. Immer bittender wurden die Melodien, die Augen des Musizierenden waren geschlossen, sein Herz stürmte mit den Tönen seines Instrumentes dem Himmel entgegen. Lichtumwoben sah er seine Lieben auf sich zukommen, die Mutter zog ihn an ihr Herz und nahm des Sohnes Seele mit. Drei Tage später geleiteten Arm und Reich, Groß und Klein das Geigerlein zur letzten Ruhe auf dem Meersburger Friedhof. Und während sich ein Berg von Blumen auf dem Grab türmte, hob wie aus weiter Ferne ein leises Singen und Klingen an, ein Gruß des armen Geigers, den man noch lange Jahre jedes Mal während der Christmette in der Kirche zu vernehmen glaubte und der die Gläubigen sehend machte für die Not der geplagten Mitmenschen.

Nach Bolt: Die Sagenwelt am Bodensee

Am Nachmittag des »Schmutzigen Donnerstag« – der Tag, an dem die schwäbisch-alemannische Fastnacht beginnt – zieht der Schnabelgiere, eine als weißer Vogel mit rotem Schnabel verkleidete Person durch die Stadt. Dieses weiße Gewand ist aber erst seit 1936 üblich, vorher war es dunkel gewesen. Diese Tradition erinnert vielleicht an die Pestärzte, die mit einer Art Schnabelmaske zum Schutz vor Ansteckung zu den Kranken gingen.

Obersee

Die Römer hatten gleich drei Namen für den Obersee: Lacus Venetus, Lacus Brigatinus und Lacus Constantinus. Später im Mittelalter nannte man ihn Lacus Bodamicus. Zur Abgrenzung zum kleineren Untersee nennt man ihn heute Obersee.

Der Haslemann bei Stetten

An der Meersburger Landstraße liegt zwischen Stetten und Breitenbach ein Wald, der den Namen Haslewald führt. Dort trieb vor vielen Jahren der Haslemann sein gespenstisches Unwesen. Dieses Männlein war zu Lebzeiten ein armer Korbflechter und Besenbinder. Er hielt sich sommers wie winters fast unausgesetzt, sowohl bei Tag und bei Nacht im Wald auf. Da er selbst keine Waldungen hatte, so schnitt er sich die Ruten und Reiser für sein Gewerbe ab, wo er gerade die schönsten fand, unbekümmert, wessen Eigentum sie waren. Infolgedessen waren die Förster schlecht auf ihn zu sprechen, und die Waldbesitzer hätten den kleinen Mann gern einmal für seine Diebereien gezüchtigt. Aber niemand konnte ihn auf frischer Tat erwischen.

Als nun wieder einmal einem Bauern die besten Reiser abgeschnitten waren, machten sich mehrere Leute auf, um der Spur des Diebes zu folgen. Und wirklich, in einer mondhellen Nacht vernahm man im Wald ein Knacken. Man spürte dem nach und entdeckte, dass es tatsächlich von dem Korbflechter ausging. Doch als man hinzuschlich, um ihn zu ergreifen, kletterte er mit unglaublicher Schnelligkeit auf eine hohe Tanne, sodass ihm keiner nachzukommen vermochte. Da beschloss man, den Baum umzuhauen. Als die Tanne fiel, stürzte der Haslemann mit zu Boden und starb dabei. Zur Strafe aber für seinen unehrlichen Lebenswandel musste das Männchen viele Jahre lang des Nachts in jenem Walde als Gespenst umherirren. Oft hörte man sein Johlen und Jammern und das Krachen eines niederstürzenden Baumes. Auch wurden Wanderer und Fuhrleute in die Irre geführt, wenn sie an der unheimlichen Stelle vorbei mussten. Später hat dann der Haselmann Ruhe gefunden.

Nach Lachmann: Überlinger Sagen …

Holzfrevel war in Deutschland ein Straftatbestand. Wer unerlaubt Holz aus dem Wald holte und sei es totes Holz zum Verbrennen, der »beschädigte« den Wald. Wer dazu noch junge Triebe und Reisig schnitt, sei es, um Besen zu fertigen oder Getreide zu binden, der galt als Krimineller, zumindest in den Augen der Förster und Waldbesitzer. Klar, dass so ein schlechter Mensch dann zur Strafe als Gespenst umgehen musste. Das hinter solchen »Verbrechen« selten Mutwillen, sondern meistens bittere Armut standen, bleibt meistens außer Betracht.

Flugsand wird zu Gold

Am Fuße des Gehrenberges liegt ein freistehender, ziemlich hoher, kegelförmiger Hügel, den man noch das Alte Schloss nennt. Hier soll seit uralter Zeit ein Geist seinen Spuk getrieben haben. Einmal, an einem Karfreitag – der Tag, an welchem sich dort die Schätze sonnen, wie allgemein gesagt wird –, wurde eine Magd dorthin geschickt, um Flugsand zu holen. Als sie ihren Kübel gefüllt hatte, erschien ihr dieser plötzlich so schwer, dass sie ihn fast nicht zu heben vermochte. Hierüber aufgebracht, schalt sie über den bösen Schlossgeist, und schüttete den Sand unwillig wieder aus. Doch siehe da, aus dem Kübel leerte sie statt des Sandes eine große Menge Goldstücke, die in alle Richtungen davon rollten. Rasch wollte sie dieselben sammeln, allein sie verschwanden unter ihren gierig zugreifenden Händen. Aus Kummer über den Verlust verlor das arme Mädchen den Verstand.

Vom Alten Schloss soll ein unterirdischer Gang in südöstlicher Richtung zur Stadt Markdorf, und ein solcher westlich zur Mutterkirche in Bermatingen geführt haben. Dort unter dem Schloss vergnügen sich der Sage nach die alten Burgherren bei goldenem Kegelspiel. Außerdem soll dort auf dem Hügel vor einigen Jahren ein weißes Fräulein gesehen worden sein, das dort hin und her lief und, wie ein Landmann seine Saat, händevoll glänzendes Silbergeld ausgestreut haben. Eine Hand nach der anderen. Wenn man tags drauf nachschaute, wurde dann und wann noch ein Geldstück gefunden.

Nach Waibel: Badisches Sagenbuch

Der Gehrenberg ist der Hausberg der Stadt Markdorf und mit fast 751,9 Meter über Normalhöhennull der höchste Berg des Linzgaus. Ob es dort je ein Schloss gegeben hat, ist nicht überliefert. Am Ostrand wurde jedoch 1903 ein 30 Meter hoher Aussichtsturm aus Stahl errichtet, von dem man bei gutem Wetter eine schöne Sicht auf Markdorf, den Bodensee und manchmal bis zu den Alpen hat.

Graf Ulrich und Wendelgard

Zu Buchhorn am Ufer des Bodensees, da, wo jetzt Friedrichshafen liegt, wohnte zur Zeit, als Burkhard Herzog in Schwaben war, Graf Ulrich V. (Udalrich), ein Nachkomme Karls des Großen und Herr im Linzgau. Er war vermählt mit der schönen Wendelgard, einer Gräfin von Eberstein, Enkelin Heinrichs des Voglers, der später Kaiser wurde. Da geschah es, dass die Ungarn Deutschland verheerten und auch Oberschwaben, wo Graf Ulrich begütert war, heimsuchten. Er zog deshalb mit vielen Edlen dem Feind entgegen, wurde jedoch gefangen genommen und nach Ungarn entführt. Als er nicht heimkehrte und seine Frau glauben musste, dass er in der Schlacht gefallen sei, begab sie sich nach St. Gallen und ließ sich, weil sie nicht wieder heiraten mochte, in ein Nonnenkloster aufnehmen. Dies geschah im Jahr 916, als sich eben auch die heilige Wiborada in ein Kloster begeben hatte. Dort nun diente Wendelgard mit Fasten und Beten ihrem Gott, ging aber alle Jahre nach Buchhorn, um dort das Gedächtnis ihres verlorenen Mannes in feierlicher Trauer zu begehen und die Armen zu beschenken.

Als sie im Jahr 919 in gleicher Absicht mit Einwilligung des Bischofs nach Buchhorn gegangen war und sich sehr viele Arme um sie drängten, um ein Almosen zu empfangen, kam in ganz zerlumpten Kleidern auch einer, der nicht bloß eine milde Gabe von ihr empfing, sondern auch ihre Hand heftig drückte und sie wider ihren Willen umarmte und küsste. Die Umstehenden, welche dies nicht leiden konnten, wollten ihr helfen und den frechen Bettler züchtigen. Der aber rief: »O lasst mich gehen! Ich habe genug Schläge und Elend in der Gefangenschaft ausgestanden! Ich bin Ulrich, euer Graf, welchen Gott aus sonderlicher Gnade von einem grausamen Volk errettet und euch wiedergeschenkt hat!« Da wurde er erkannt und von seiner treuen Gemahlin und allen andern und mit großer Freude aufgenommen. Wendelgard ließ sich vom Bischof Salomo von Konstanz ihres Gelübdes, dass sie abgelegt hatte, entbinden, legte ihr Nonnenkleid beiseite und hielt zum zweiten Mal Hochzeit mit ihrem lieben Gemahl. Zum Zeichen seiner Dankbarkeit vermachte er einige Güter im Rheintal dem Kloster zu St. Gallen. Bald darauf wurde Wendelgard schwanger, starb aber kurz vor ihrer Niederkunft. Das Kind indes wurde sogleich aus dem Leib der toten Mutter herausgeschnitten und gerettet. Es war ein schöner, zarter Knabe, den man dem heiligen Gallus weihte und im Kloster zu St. Gallen sorgfältig erzog, wo er später auch Abt geworden ist. Er hieß Burkhard und erhielt von den Klosterbrüdern den Zunamen: der Angeborene (ingenitus), weil die Mutter gelobt hatte, wenn sie einen Sohn gebäre, ihn dem Kloster zu weihen.

Nach Brüder Grimm: Deutsche Sagen und
Meier: Deutsche Sagen, Sitten und Gebräuche

Friedrichshafen ist eine relativ neue Stadt. Sie wurde 1811 aus der ehemaligen Reichsstadt Buchhorn und dem Dorf und Kloster Hofen gegründet. Dem Verweis auf Graf Ulrich bzw. Udalrich ist etwas schwieriger zu folgen. Ulrich/Udalrich I. starb 807 im Bodensee. Zuvor war er auch Graf in Pannonien und im Breisgau. Außerdem war er Bruder von Hildegard, der dritten Ehefrau Karls des Großen. Er gilt als Stammvater der Udalrichinger. Ihm folgen weitere bis zu Udalrich IV. Etwas deutlicher wird es, wenn man nach Wendelgart schaut. Eine Wendilgart war mit einem Ulrich V. in Buchhorn verheiratet. Der Chronist Ekkehard aus St. Gallen, von dem diese Geschichte ursprünglich stammt, bezeichnet sie als Nichte des Königs Heinrich I., was aber nicht sicher beleget ist und insbesondere des Altersunterschieds wegen eher zu verneinen ist. Ihr Sohn Burkhard soll der spätere Abt von Sankt Gallen sein, der laut der Sage nicht geboren, sondern durch einen Schnitt auf die Welt gebracht wurde. Ein Ungarneinfall in Alemannien ist für das Jahr 913 verbürgt. Knapp schreibt: »Da aber Udalrich IV. schon im Jahre 886 als Vater zweier erwachsener Töchter – Äbtissinnen – urkundet, so ist der Held von 913 vermutlich als dessen Sohn zu betrachten und als Udalrich V. zu zählen.«

Graf Gero von Montfort

Von Montfort war's der greise Graf,
Gesättiget von dem Leben,
Der sah den blauen See im Schlaf,
Und stille Kähne schweben,
Auf Wasser, Erd' und Himmel Ruh;
Da flog sein Herz dem Frieden zu.

Und als vom Traum er aufgewacht,
Da ruft er seine Knechte,
Hat sie belobt und gut bedacht,
Nimmt Abschied vom Geschlechte,
Verläßt die Herrschaft und das Schloß
Und zieht zum fernen Strand zu Roß.

Wie nun er an das Ufer trabt,
Hört guten Wind er sausen,
Und trifft am Strand den frommen Abt
Vom heil'gen Petershausen,
Dazu ein Schiff, die Segel voll;
O wie sein Herz von Sehnsucht schwoll!

Sankt Peters Haus, die stille Statt,
Von Wellen leis bespület,
Sein Geist sich ausersehen hat,
Vom Ird'schen abgekühlet;
Dort will er dienen Gott dem Herrn,
Von Lust und Pracht der Erde fern.

Den Abt erquickt der heil'ge Sinn,
Er hebt in's Schiff den Grafen;
Wohl bringt dem Kloster das Gewinn,
Sie stoßen ab vom Hafen,
Schon schwimmt das Schiff auf blauer Fluth,
Wie wird dem Greise da zu Muth!

Er spricht gerührt: »o fühltet Ihr,
Herr Abt, was ich empfinde!
Es blickt das Wasser auf zu mir,
Wie Mutter nach dem Kinde!
Denn wißt, bei jenes Hornes Riff
Geboren ward ich einst im Schiff.«

»Und wenn ich in dem Nachen bin,
So sanft geschaukelt liege,
Wird mir wie einem Kind zu Sinn,
Ich ruh' in meiner Wiege,
Die Mutter lispelt in mein Ohr
Und singt ein Schlummerlied mir vor.«

Derweil sie segeln frisch nach vorn;
Da übermannt's den Grafen,
Sie sind nicht ferne mehr vom Horn,
So hebt er an zu schlafen,
Und bei der Ruder gleichem Schlag
Er schlummernd auf dem Schiffe lag.

Und wie das Schiff vorüber zieht,
Dort, wo er ward geboren,
Da tönt das süße Wiegenlied
So hell in seinen Ohren;
Er schlug die Augen auf und rief:
»O Mutter, wie so tief ich schlief!«

Er schloß die Augen wieder zu,
Noch tiefer fort zu schlafen.
Steh Nachen still, nicht eile du!
Dein Gast ist schon im Hafen;
Der Abt zu seinen Füßen kniet,
Ihn mit dem letzten Trost versieht.

Bringt ihn zum heil'gen Haus hinab,
Legt in den Chor den Frommen;
Dort rauscht die Fluth, die einst ihn gab,
Und die ihn jetzt entnommen;
Im süßen Frieden, frei von Harm,
Ruht er der Welle dort im Arm.

Gustav Schwab

Schloss Montfort heute

Die Familie Montfort zählt bis ins 18. Jahrhundert neben Habsburg als das bedeutendste Adelsgeschlecht im Bodenseeraum. Der Ursprung dieser Familie liegt im Nordschwarzwald. Stammsitz war die Burg Hohennagold. Der älteste nachweisbare Graf dieser Linie war Anselm der Ältere (um 966). Ein Nachfahre, Graf Hugo I. von Montfort (†1228) gründete die Stadt Feldkirch. Über Erbschaften kamen im 12. Jahrhundert die Linien in Bregenz und im 14. Jahrhundert der steirische Zweig (über den Minnesänger Hugo von Montfort) hinzu. Aus den Nachkommen des Minnesängers entwickelte sich die Linie Werdenberg und die Linie Montfort-Tettnang. Zu dieser Linie gehören auch Wasserburg und (Langen)Argen. Der Letzte aus der Linie Langenargen war Graf Anton IV., mit dessen Tod im Jahr 1787 die Linie ausstarb.

Gero ist ein Name aus althochdeutscher Herkunft. Ger war die Bezeichnung für einen germanischen Speer. Die Langform des Namens ist Gerold. Im Mittelalter sind einige Gero bekannt. Ein Markgraf Ottos I. hieß so und lebte im 10. Jahrhundert. Gero von Köln, Erzbischof des Markgrafen (†976) und Gero von Alsleben (†979), ein sächsischer Graf – beide Neffen des Markgrafen – trugen ebenfalls diesen Namen, wie noch viele anderer in jener Zeit. Einen Gero von Montfort konnte ich allerdings nicht ermitteln. Die Sage von diesem Grafen, der auf dem Schiff geboren wurde und starb, hat aber seinen Reiz und so habe ich sie in diese Sammlung aufgenommen. Mit dem in der Ballade vorkommenden Begriff »Horn« wurde am Bodensee eine »Landzunge« bezeichnet.

*Das Schloss Montfort in Langenargen wurde im 14. Jahrhundert von den Grafen von Montfort als die »Veste Burg Argen« erbaut. Im Dreißigjährigen Krieg wurde sie stark beschädigt, später aber zu einem Schloss wieder aufgebaut. Zuletzt diente sie als Gefängnis, bevor man sie Anfang des 19. Jahrhunderts abreißen wollte. Wilhelm I. von Württemberg kaufte die Ruinen und ließ 1861 die letzten Mauern abbrechen. Es sollte dort eine neue Villa gebaut werden. Diese wurde aber erst lange nach dem Tod Wilhelms (†1864) fertiggestellt und bekam den Namen Schloss Montfort. Luise von Preußen (*1829, †1901) kaufte das Schloss 1873 und nutzte es bis zu ihrem Tod als Sommerwohnsitz. Danach wurde es Privatwohnsitz, Eigentum der Deutschen Reichsbahn und diente als Kurhaus, bis es 1961 in den Besitz der Gemeinde Langenargen kam.*

Anna von Tegelstein

»Hier sollet doch so ville Burjen un Schlösser am See jeben, wa?«, wollte der Berliner Zigarrenfabrikant Wilhelm Balicke an der Hotelrezeption des Bayerischen Hofs in Lindau wissen. »Könn' wa da ooch zu eener hinloofen?«

Der Rezeptionist sah den schon etwas fülligen Fabrikanten und seine überaus dünne, aber lang in die Höhe ragende Gattin skeptisch an. »Gibt es schon«, sagte er, »aber vielleicht nehmen Sie sich besser eine Kutsche.«

»Dit lassen se man uns're Sorje sein, junger Mann. Aber nun azähln se mal, wo ist denn son oller Kasten.«

»Eine gute halbe Stunde von Lindau befindet sich der einer Familie Gruber gehörige und von dem Gärtner Junghänel aus Muskau angelegte Garten zum Lindenhofe. Darin finden Sie noch Überreste der Burg Tegelstein. Diese Burg soll bis zum Ende der dreißiger Jahre des vorigen Jahrhunderts noch gut erhalten gewesen sein. Ein Bauer hätte zuletzt darin gewohnt, erzählt man sich. Sie war zwei Stockwerke hoch, dicht von Efeu überwachsen, mit einer kleinen Zugbrücke versehen und rings von Wasser umflossen, das mit dem Bodensee in Verbindung stand. Das Treppenhaus befand sich auf der südlichen Seite in einem runden Türmchen.«

»Und, sieht man heute noch wat von den alten Mauern?«

»Wenig«, gestand der Rezeptionist ein. »Nördlich von den Überresten dieser Burg ist auf einige Schritte entfernt der Burgstall, mit noch etlichen Baulichkeiten zu sehen. Dieser besteht größtenteils noch und ist zu einem Gewächshause umgebaut worden. Von der Burg steht nur noch der untere Teil, denn alles andere wurde auf den Wunsch des verstorbenen und in diesem Garten beerdigten Herrn Gruber entfernt und abgebrochen. Der ganze Wassergraben war versumpft und mit Schilf und Rohr angefüllt. Er ist inzwischen wieder gereinigt und einigen Schwänen dient er zum Aufenthalt. Auf der Westseite der Burg standen, gleichsam zum Schutz gegen das Unwetter, drei kolossale Linden. Die sind aber längst gefällt.«

»Dit hört sich nich so an, als ob ein Ausflug dorthin lohnen würde«, sagte enttäuscht der Fabrikant und seine Frau schüttelte ebenfalls der Kopf, fragte dann aber, bemüht um hochdeutsche Aussprache: »Und einen Schlossgarten? Gibt es denn noch einen Schlossgarten?«

Der Rezeptionist nickte: »Auch ein Schlossgarten befand sich dort, von dem heute aber nichts mehr zu sehen ist. Immerhin erzählt noch eine Sage davon.«

»Eine Sage?« Die Fabrikantengattin war plötzlich ganz interessiert und vergaß glatt ihr Hochdeutsch. »Wat se nich sajen. Erzähl se ma wat davon.«

»Auf der Burg soll in alter Zeit eine Witwe gelebt haben, die Freifrau Anna von Tegelstein. Sie hatte einen Sohn und drei hübsche und artige Töchter. Die Mutter war aber im höchsten Grade stolz. In der Nähe der Burg lebte eine arme Frau, die ihre einzige und schon erwachsene Tochter, ein gar sittsames und liebes Mädchen, durch den Tod verloren hatte. Die Frau wollte sie vor ihrer Beerdigung noch mit einem Blumenkranz zieren. Da im Schlossgarten die schönsten weißen Rosen wuchsen, eilte die trostbedürftige Mutter zu der Burgfrau, erzählte von ihrem herben Verlust und bat um etliche weiße Rosen, die sie zu einem Kranz für ihr totes Kind winden wollte. Unwillig entgegnete die Burgfrau: »Rosenkränze für ein solches Gesindel gebe ich nicht. Packt Euch auf der Stelle! Kletten und Disteln passen für Euresgleichen! Nimmermehr sollt Ihr Rosen aus meinem Garten bekommen!« Die auf diese schnöde Art abgewiesene Frau sagte mit drohender Gebärde, bevor sie ging, dass die Edelfrau gut daran täte, diese Rosen nur für ihre Töchter aufbewahren zu wollen. Sie werde sie wahrscheinlich noch gebrauchen können. Diese Vorhersage traf bald ein; denn bevor einige Monate vergangen waren, erkrankten jene drei in voller Jugendblüte stehenden Mädchen, der Stolz und die Augenweide ihrer Mutter. Nach kurzem Krankenlager wurden sie vom Tod hinweggerafft. Im Sarg trug jede einen Kranz von weißen Rosen. Mit ihrem eigenen Tod nicht lang danach sollten aber die Leiden der stolzen Witwe noch nicht zu Ende sein, denn nach der Volkssage sah man, wenn der Tod eines weiblichen Abkömmlings der Familie Tegelstein bevorstand, die Frau Anna gegen Mitternacht im Garten sitzen und einen Kranz von weißen Rosen flechten.«

»Ne, son böset Frauenzimmer aber ooch. Nee, Willem, da gehn wa nich hin.«

»Dit jibs ja nich«, sagte der Fabrikant, »erß willste inne Schlösser jehn un nu wieder nich?« Zum Rezeptionisten gewandt: »Vasteh eener die Frauenzimmer.«

Nach Pröhle: Deutsche Sagen … und Schnezler: Badisches Sagenbuch

Um 1332 wurde am Seeufer zwischen Wasserburg und Lindau eine kleine Wasserburg gebaut. Das Burghaus war von einer Ringmauer mit Vorburg und Rundtürmchen sowie einem Wassergraben umgeben. Diese Burg Tegelstein – heute im Lindauer Ortsteil Degelstein gelegen – wird im Volksmund auch »Weiherschlösschen« genannt. Es wurde aber bereits 1839 fast vollständig abgebrochen, als Friedrich Gruber das Anwesen übernahm.

Der Hafen in Lindau

Nachwort

Nun sind wir am Ende unserer sagenhaften Reise um den Bodensee angekommen. Vielleicht nutzen Sie bei Ihrer nächsten Reise an den See – oder falls Sie dort oder in der Nähe wohnen – die Gelegenheit, diesen alten Sagen und Legenden ein wenig nachzuspüren. Obwohl meistens nur schwach faktenbelegt ist es doch ein Blick zurück in die Geschichte und manches, was in den Sagen erwähnt wird, lässt sich noch aufspüren. Und selbst wenn nichts mehr zu finden ist, dann ist es doch ein ganz eigenes Gefühl, an einem Ort zu stehen, mit dem eine Sage oder eine Legende verbunden ist. Und ohnehin ist der Bodensee einfach sagenhaft.

Quellen und Sekundärliteratur

Bernhard Baader
Volkssagen aus dem Lande Baden und den angrenzenden Gegenden
Karlsruhe, 1851

Hanns Bächtold
Sagen vom Untersee und aus dem Hegau
in: Schweizerisches Archiv für Volkskunde Band 14, 1910

Karl August Barack (Hrsg.)
Zimmerische Chronik
Stuttgart 1869

Karl August Barack
Über den Minnegesang am Bodensee und den Minnesänger Burkhard von Hohenfels
In: Schriften des Vereins für Geschichte des Bodensees, Bd. 2(1870), S. 65–81

Richard Beitl
Im Sagenwald. Neue Sagen aus Vorarlberg
Feldkirch, 1953

Anton Birlinger
Volksthümliches aus Schwaben
Freiburg im Breisgau, 1861

Franz Bohnstedt
Das Schloßbühl von Owingen
In: Schriften des Vereins für Geschichte des Bodensees und seiner Umgebung 1961, S. 120 – 125

Ferdinand Bolt
Die Sagenwelt am Bodensee
in: Appenzeller Kalender 1956, S. 79 ff.

Josef Elsensohn
Sagen und Volksglauben im inneren Bregenzerwald
in: Progr. Gymnasium in Teschen, 1886, S. 33f.

Ernst Giger
Sagen, Schwänke und Legenden aus dem Thurgau und der Nachbarschaft
Manuskript 1996

Brüder Grimm
Deutsche Sagen
Berlin, 1816

Eberhard Knapp
Udalrich und Wendilgard
in: Schriften des Vereins für Geschichte des Bodensees und seiner Umgebung
42. Jg. 1913, S. 6-14.

Theodor Lachmann
Überlinger Sagen, Bräuche und Sitten mit geschichtlichen Erläuterungen
Konstanz, 1909

Ernst Meier
Deutsche Volksmärchen aus Schwaben
Stuttgart, 1852

Eduard Mörike
Werke und Briefe
Band 13: Briefe 1839 – 1841, Stuttgart, 1988

Heinrich Pröhle
Deutsche Sagen
Berlin, 1879

Karl Rolfuß
Klänge aus der Vorzeit I. Fromme Sagen und Legenden aus Baden, Württemberg, Hohenzollern, Elsaß, der Schweiz, Tyrol, Vorarlberg, Bayern und Salzburg
Mainz, 1873

Karl Rolfuß
Klänge aus der Vorzeit II. Fromme Sagen und Legenden aus Baden, Württemberg, Hohenzollern, Elsaß, der Schweiz, Tyrol, Vorarlberg, Bayern und Salzburg
Mainz, 1874

Gustav Schwab
Der Bodensee nebst dem Rheinthale
Stuttgart und Tübingen, 1840

August Schnezler
Badisches Sagen-Buch
Karlsruhe 1846

Franz Josef Vonbun
Die Sagen Vorarlbergs
Innsbruck, 1858

Franz Josef Vonbun
Hermann Sander: *Die Sagen Vorarlbergs*
2. vermehrte Auflage, Innsbruck, 1889

Josef Waibel; Hermann Flamm
Badisches Sagenbuch. Sagen des Bodeensee's, des oberen Rheinthales und der Waldstädte
Freiburg, 1898

Bildnachweise

Steg an der Promenade
Urheber: Horst-Dieter Radke

Blick vom Dom in Konstanz
über die Insel Reichenau
Urheber: G. Frommel & H. Winkles
Bildquelle: Gustav Schwab: Der Bodensee
nebst dem Rheinthale …,
Stuttgart und Tübingen, 1840

Wappen des Bistums Konstanz
(Rotes Kreuz im weißen Feld).
Bildquelle: Waibel/Flamm:
Badisches Sagenbuch …, Freiburg, 1898

Der sogenannte Konziliumssaal in Konstanz
Bildquelle: Waigel/Flamm: Badisches Sagenbuch
…, Freiburg, 1898

Die Stadt Konstanz im 16. Jahrhundert
(nach Merian)
Bildquelle: Waibel/Flamm: Badisches Sagenbuch
…, Freiburg 1898

Blick vom Arenenberg bei Ermattingen
auf den Untersee
Urheber: Theo Glinz (6.9.1890 – 10.5.1962,
Schweizer Maler Zeichner, Grafiker)
Bildquelle: Appenzeller Kalender auf das Jahr 1956

Schloss Gottlieben
Urheber: Horst-Dieter Radke

Die Burg Hohenkrähen
Bildquelle: Ottmar Schönhuth: Burgen, Klöste,
Kirchen …, Stuttgart, 1860

Poppele und der Abt
Bildquelle: Ottmar Schönhuth: Burgen, Klöste,
Kirchen …, Stuttgart, 1860

Das alte Rathaus von Radolfzell
Bildquelle: Waibel/Flamm: Badisches Sagenbuch
…, Freiburg, 1898

Altbodman
Bildquelle: Ottmar Schönhuth: Burgen, Klöste,
Kirchen …, Stuttgart, 1860

Nebel ist am Bodensee kein seltenes Phänomen
Urheber: Horst-Dieter Radke

Blick vom Nordufer zur Reichenau
Urheber: Horst-Dieter Radke

Klosterinnenhof
Urheber: Horst-Dieter Radke

Burg Schopfeln am Untersee
Bildquelle: Waibel/Flamm: Badisches Sagenbuch
…, Freiburg, 1898

Kirchenportal des Klosters Petershausen
Bildquelle: Waibel/Flamm: Badisches Sagenbuch
…, Freiburg, 1998

Die Ruine der Nellenburg
Bildquelle: Waibel/Flamm: Badisches Sagenbuch
…, Freiburg, 1898

Pfahlbauten bei Unteruhldingen
Urheber: Horst-Dieter Radke

Burg Hohenfels
Bildquelle: Waibel/Flamm: Badisches Sagenbuch
…, Freiburg, 1898

Meersburg am Bodensee
Bildquelle: Waibel/Flamm: Badisches Sagenbuch
…, Freiburg, 1898

Das neue Schloss von Meersburg
Urheber: Horst-Dieter Radke

Schloss Montfort heute
Urheber: Horst-Dieter Radke

Der Hafen in Lindau
Urheber: Horst-Dieter Radke

Ebenfalls im Regionalia Verlag erschienen:

ISBN 978-3-95540-384-3

ISBN 978-3-95540-372-0

ISBN 978-3-95540-360-7

ISBN 978-3-95540-381-2

Jeweils 160 Seiten • 16,5 × 19,8 cm • Hardcover